#給你的一段話——

擁有一點自信，
必要時
也可以展現自私。

阿飛——文

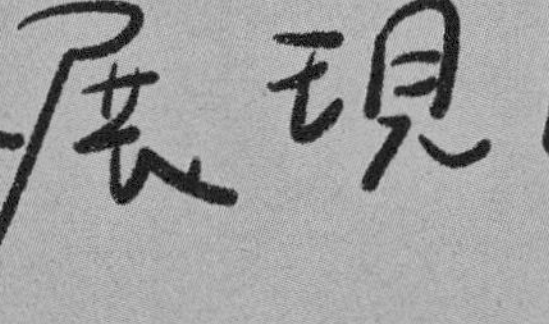

作者序｜給你的一段話

這本書沒有固定的文體與篇幅，有勵志金句、心情短文，還有生活小故事，因為想要向讀者們述說的有很多很多，所以透過不同的形式來傳達。那些文字都是我想給你與自己的一段話。

對於許多面臨低潮、打擊與迷惘的人來說，我期盼這部作品能夠帶給你們豁然開朗的觀點、感同身受的文字，以及會心一笑的領悟。

我過去的作品都在傳遞一個主要的根本觀念——「好好照顧自己的心」，這次想要寫給你的，就是我們面對人生百態的感受與態度，把一切都先回歸到從自己出發。

對於生活的感受與態度是會隨著時間轉變的，年輕時想像過自己的未來，期待從事某項職業，期待成就某個夢想，期待成為某種模樣。等到年紀漸長，無論當初的想望是否成真，也不會再汲汲營營追求什麼，錢夠用就好，日子簡單就好，還能到處走動就好，只要身邊的人平安就好，真心覺得沒有什麼比這些更重要了。

過去我寫的文字，常被許多人稱為「雞湯文」，也有些人直接說是「廢文」。當我的文字能夠對你的思考、心靈或狀態有所幫助，提供了養分與價值，它就是雞湯文；若這些文字無法讓人有所幫助、缺乏感受時，它就是廢文。

任何人事物，包含文字也都一樣，意義是自己賦與的，價值是自己評斷的。你認為有意義、有價值的，它就值得存在。在某些人眼中，這些可能是廢文，我覺得他們應該都擁有著順遂的生活，不然就是擁有優秀的才能，靠自己的能力與意志就能跨過生命中的種種難關。

然而，我相信任何人都有需要被鼓勵或需要被理解的時候，在那樣的片刻，這本書的文字全是金句，是讓自己適時調整的提醒，這些我給你的一段話，都是一篇善意，一篇建議，一篇領悟，也是一篇給你的溫柔。

當需要被鼓勵、需要被理解時，你並不孤單，一起好好喝雞湯，讓身心健康，我們都會好好的。如果有一天，你閱讀這本書覺得裡面都是廢文，那要恭喜你，表示你變好了，已經可以靠自己走向人生的下一個階段。

最後我想謝謝悅知文化，以及在身邊支持我、鼓勵我的親友，每一位曾經交流的讀者，無論是按過讚的、留過言的，或是支持過作品的，因為你們，我才能繼續寫作。你們每個人都或多或少影響了我的生命，這一生不長不短，最常見的遺憾，就是在還能說時不想說，在想說時不能說了；在能見時不去見，在想見時不能見了。我會好好珍惜每一個相遇，每一次還能寫點什麼給誰的機會，感謝大家陪伴我走過這一段美好的時光。

鍾文飛（阿飛）

目錄

02 給自覺孤獨的你

03

給在愛裡沉浮的你

04 給扮演不同角色的你

05 給面對失去的你

06 給糾結迷惘的你

Chapter 01

給不想成為別人的你

需要你
費盡心力的關係，
都是
不適合你的關係。

給想要被大家喜歡的你

回想什麼時候開始覺得自己是個大人了，應該是不再汲汲營營於各種人際關係，不去在意誰的刻意疏遠，不會在意誰的莫名討厭，也不再勉強自己去討好任何人。

發現原來一個人也能輕鬆自在，那時我才覺得自己真的長大了。

在成為大人之前，必須經歷許多折騰自己的選擇，在每個做出決定的當下，也意味著將失去那些沒有選擇的人事物。成長本身就是各種獲得與失去所組成的，尤其是人際關係，有時往往失去的遠比得到的還要多。自然而然地，我們會越來越習慣簡單不複雜的關係，越來越看淡生命中的各種人來人往。

人與人之間，走近身邊的，都是緣分，但留在生命裡的，則是看心意。沒有可以完全契合的人，只有會惦記彼此、為對方著想的人，能夠遇到這種願意不看利益、將心比心的人，兩人的情誼才能在人生的起伏中相互扶持。

任何一種讓你感到勉強與疲累的關係都很難撐得久，很多人為了認識某個比自己有錢有權的人或維持彼此情誼而費盡心力，但你認識誰並不重要，你是誰才重要。我們只要讓自己變好，身邊的人也會是好的。

在年近半百的此時，我是這麼想的，**所謂的美好人生，應該就**

是不必討好、不用勉強，同時也不會覺得無聊乏味，這樣就已足夠。

我們可以讓身邊的人都滿意嗎？或許有人真的做得到，可能他必須非常犧牲且壓抑自己。給了別人許多體貼，留給自己的卻是很多委屈。當然不是鼓勵自掃門前雪，不用在意旁人，只是凡事都該量力而為，不要總是遷就與勉強。人與人之間，平衡與互相是最好的，對你好的，你也該對他好；不滿意你的，能改善的就調整，太勉強的也不用白費力氣。對任何人事物的好壞或對錯都別執著，沒有什麼是絕對的，盡量看淡事情的表象。我們該學習的是，讓自己平靜，而不是冷漠，讓自己溫柔，而不是軟弱。

成為大人之後就不再寂寞嗎？我想無論是哪個年齡都會有當下的無奈與寂寞吧？偶爾不安，偶爾寂寞，大家都一樣，只是我們越來越清楚怎麼隱藏、怎麼排解，越來越懂得換位思考、轉換心情，都一大把年紀了，已經知道難免會受傷，如果讓自己一直陷在負面的情緒裡，日子也太難過了，不妨少點怨懟，多給自己一點鼓勵啊！

要記得，一個人並不會不幸福。幸福，是懂得把時間與心力留給值得的人與自己。

擔心被討厭，
不如先別討厭自己。
想要被怎樣對待，
你先那麼對待別人。

給不敢展示軟弱的你

想要日子過得輕鬆自在，懂得珍惜與捨得是重點，另外還有一個觀念也很重要，就是「自知」。古人有句話：「人貴自知，自知者明。」這句話有兩種含意，一是言行必須符合自己的角色身分，二是必須好好了解自己。

比方說，有些人明明就是不喜歡過多社交，卻又總是強迫自己參與，非常在意是否能融入一個圈子裡。有些人老是說自己親切隨和，卻不由自主地透露出高人一等，或大家都該禮遇他的語氣。不是那樣的人就別勉強自己，假使一開始就表明自己的個性與想法，或許朋友們會體諒，覺得你坦率不做作。坦然接受自己的難相處，反正說不定你也未必真的想跟某些人相處。

有人會覺得直接表現出自己的不喜歡或者否定別人的意見，應該很容易被人討厭吧？當然會。

既然會被討厭，肯定有人會問：這樣還叫我一開始就表明自己的個性與想法？

所以我才說要有自知之明。你不喜歡社交、確實也不好相處，但是你可以將其妥善隱藏，也不會過於勉強自己，在可接受的範圍與眾人和睦融洽當然比較恰當。不過，有很多人是無法做到，不善隱藏也覺得勉強，言行不一的結果，不只讓自己痛苦，旁人也會反感。與其讓自己難受，別人也未必接受，為何不一開始就大方表明，至少自己好過點，**雖然坦然面對的結果可能還是會讓對方有不舒服的感受，但誠實以對卻也會獲得部分人的理解與體諒。**

與人相處時，我們很容易因期盼別人的喜歡所束縛，反而讓自己表現得彆扭、尷尬。試著多理解自己的能耐、喜惡與內心的需求，做決定時儘量符合自己的性格。**喜歡獨處，不是奇怪的事；不擅長社交，並不是錯誤；跟某些人頻率就是對不上，也不能勉強。我們得要先懂得怎麼對待自己，慢慢地也會明白該怎麼對待身邊的人。**

你希望怎樣被對待，你先試著那樣對待別人。

即使前方有燈，
你也要學會不依靠燈火，
自己也能前進，
甚至成為別人需要的燈。

給在愛中找不到安全感的人

「愛很重要，但一段感情能長久維持，關鍵是安全感與信任。」每次談到感情關係時，這是我常會寫到的一句話。

安全感，有很大的部分是來自於信任；信任，也是因為自己擁有了安全感。兩者很像，差異在於安全感是自身賦予或對方給予的感受，而信任則是兩人之間確信彼此可以誠實、公平與善意的對待。

讓兩人有所連結的是愛，但讓彼此能夠緊密相依的，往往是信任。沒有了信任，即使有愛，你也會動搖、會懷疑、會忐忑，也會怪罪。信任會帶來安全感，而因為安全感會願意適度地展現內心給對方，或許是過去的傷痛與不堪，也許是當下自己的感受，當兩人願意與對方展現越多內在世界，透過相互理解，也就越能緊密。

或許不必向懂你的人解釋太多，可是，有時我們就是特別想對在意自己的人、懂自己的人說。我會說不表示擔心你不懂，而是我信任你，也在意你，才願意向你分享自己所有的事。

信任，不只是要相信對方，也必須相信自己。存在愛裡的多疑，未必全是對方的問題，有些人無法相信自己值得被愛，又或是認為對方太好了，好到開始嫌棄自己。請你記得，就算是一手爛牌，不一定會輸，而那些自以為拿到好牌的人，說不定輸得更快。事實上，**根本不該把自己的愛想像成一場博弈或是較量，兩個人在一起，不會什麼都稱心如意，也不是什麼都擔心害怕，只要看得起自己，任何你得到的，都是因為你值得。**

即使前方有燈，你也要學會不依靠燈火，試著自己前進，甚至成為別人的燈。**安全感與信任，不能單靠對方，我們也能給予自己一個像「心錨」般的感覺。**這個錨定可以來自於我們願意去留意生活中任何事物的美好一面，不去否定自己，欣賞自己擁有的，你就是那個最能保護自己的人。

在愛裡，我們所想要的安全感，就是即使在遠方也能感受到對方的愛與溫暖。或許微小，或許暫時無法靠近，但你知道自己很好，也知道光就在那裡，所以你不會害怕。

愛
不是用來痛苦難受，
除非那樣
你很享受。

給將愛錯付的人

我們常說要珍惜擁有的，但並不是一直隱忍與委屈自己。需要你不斷忍受與勉強的，都不值得擁有。

每當有人問我一段健康的愛是什麼模樣，我的答案一律是：「談戀愛，就是要開心，不是找罪受，記得這個原則就好。」

他只願享受你的付出與你的好，卻始終不肯調整自己，也不尊重你們之間的關係，而你卻持續忍氣吞聲，或是選擇自欺欺人，期待他的轉變。你又不是菩薩轉世，也不是天使降臨，真的沒必要教化眾生，而且信他，你也不會得永生。對一個自私且不懂感恩的人一直犧牲奉獻，只會讓自己越來越心寒。對一個狠心且不知珍惜的人一直溫柔相待，只是讓他習以為常，並且更會得寸進尺。

你應該得到一份愛，絕對不是要教導任何人怎麼給你愛。你應該珍惜的是一個會注意彼此步調、慢慢調整的人，而不是漫不經心、只在意自己感受的人。

別怪罪自己，那些你正在遭遇的煎熬忍受、委屈求全，都是為了想保全眼前這份愛而已。因為喜歡，才會選擇忍受他的糟糕與糟蹋；因為在乎，你才會告訴自己他只是還沒長大，他有機會改變。**後來你理解了，有些性格與特質，長大後並不會像開關一樣，說切換就切換。一個只在乎自己感受、以自我為中心**

的人，根本難以體恤旁人的情緒與想法，也不懂得兩人關係之間最基本的尊重。請別奢望那樣自私的人能夠與自己一起努力，用心維持兩人的感情。

與其一直讓自己陷在難過、不安的狀態裡，不如放手讓他離開，不必再苦心應付一份不開心的感情，你寧可將那些時間與心力用來好好重新安排自己的生活，也不要讓不健康的愛持續耗損你的人生。

愛，應該讓你越來越提升，而不是活得越來越卑微。

離開不懂尊重你的人，絕不會變成不幸，日後將會發現是一種慶幸。記得，你是談戀愛，不是來找罪受的。

你願意尊重與善待別人，
也會讓自己
值得被尊重與善待。

#給發現朋友開始疏遠自己的人

最近不斷地告訴別人，也不時提醒自己：要懂得自知與自省。

前陣子聽友人說，在他離職之後，原本感情不錯的前同事與他漸漸地疏遠了，令人感到失落與不解。我曾經與他合作過幾次案子，多少可以理解問題可能出在哪裡。友人的能力很好，但個性急躁又強勢，一急起來，說話並不好聽，甚至會讓人感到受傷。大部分的人會因為他是主管、客戶而選擇不計較或忍受，一旦不必顧忌利害關係，那些人未必想跟他繼續往來。

有些人好像跟你相處不錯，不過，很可能是他們因為某些理由不想與你交惡，從未展現自己內心真實的想法。因此，當你們不再是同事或合作關係時，對方的態度明顯不同，未必是他現實，有時是他已經忍受你很久。

這世上有許多關係，沒說破時好像堅若磐石，說破了就發現不堪一擊。

有人在職場上會一直遭遇人際關係的問題。雖然不必凡事都覺得是自己的錯，不過，假使你到每一個地方上班都會被人討厭，甚至受眾人排擠，自己應該要有警覺，有什麼地方是需要檢討改進的。如果能力沒有問題，那就是在待人處事的態度必須調整。做人確實不容易，但至少要會做事，如果連做好自己的工作這樣最基本的事情都辦不到，說句難聽點的，你在職場上連被人利用的價值都沒有，怎麼跟人談尊重？

我常說不要假裝、不要勉強自己，倘若你的真實與坦率造成團隊合作不順利、相處不和諧，除非你完全不在意、無所謂，不然我還是想提醒你該自省有什麼不足與過分之處。**人與人之間，至少做到尊重與體諒，不必讓所有人都滿意你、都喜歡你，但也不必讓所有人都不滿你、討厭你吧？**你願意尊重與善待別人，也會讓自己值得被尊重與善待。

除了自省，怎麼調整自己？可以試著詢問值得信任的人，用客觀的角度來評斷，總會找出問題在哪裡。

6_讓步沒關係，只要之後有空間
讓你再進一步

讓步，是要讓彼此
日後都有路可走，
而不是讓到自己
無路可走。

給不懂拒絕的人

你總是在讓步。對家人讓步，對朋友讓步，對工作讓步，對不滿意的結果讓步。

或許你覺得這是對旁人的體恤與尊重，也許你認為無論如何都不要破壞關係的和諧，可能你擔心若是表達不滿，會顯得自己太計較、不夠大氣或造成困擾。

剛開始的讓步，還能得到一些感激，不過幾次之後，你做的那些都會被視為理所當然，對你的尊重也就越來越少。如果你想過得自在開心，該堅持的地方就得堅持，該拒絕的事情就必須拒絕。

如果你不喜歡、覺得被冒犯了，就該好好表示。別人不會清楚，你是用了多少淚水與汗水去沖刷掉許多許多的委屈與不甘心，需要耗費了多少力氣才能看起來若無其事；大部分的人也不會清楚，與你相處該抓出多遠的距離、要用何種模式溝通。

有些人的索討，是天經地義般的討，我們因為某些不得不的原因拒絕了，反倒被說成是自私。但，相較起來，到底是誰比較自私？

許多人的不開心，是因為長久以來把自己的善良與體恤給了一些不懂珍惜的人，滿足了別人的需求，卻侵害到自己的感受。主動拒絕別人並不容易，可是仔細想想，假使人家總是想勉強你，我們又何苦跟著勉強自己；別人不在意你的感受，那我們更該好好在意自己。拒絕原本不該由你承擔的事情，是對自己好的開始，假若那個人因為你的拒絕而不再往來，恰恰說明他只想從你身上得到好處而已。

任何關係都一樣，有來有往，有情有義，這樣的付出自然是心甘情願。讓步沒關係，只要清楚之後會有空間讓你再進一步。

人生不會沒有路走，
端看你想要怎麼走。
記得告訴自己，
你是有選擇的。

給不知道下一步該怎麼走的你

疫情那段時期，聽到不少人失業或被裁員，面對突如其來的變故，身心難免會受到打擊，有些人會變得否定自己，也有些人則開始埋怨前東家、怪罪社會。面對失業這件事，有時是因為公司營運績效欠佳不得不做的人力精簡，或是自己無法適應該公司的工作環境，未必一定是你犯了大錯。我知道，一件單純事件往往會被情緒蒙蔽變得複雜，自厭、怨懟對生活更沒幫助，拖累展翅的羽翼，無法向人生的下一步前進。

在跨出下一步之前，建議可以趁著「暫停時間」重新思考工作的初衷與對於自己的意義，然後衡量現況再做準備。比方說，你在經濟上仍有餘裕的話，不妨可以考慮去接觸內心真正想做的事業，有不足或不懂的地方就去學習，為自己好好努力一次。如果非要等到萬事俱備，通常很難等到開始的時機，一旦**開始做了，慢慢就能明白什麼可以做、什麼地方該調整，這樣就有機會達到萬事俱備的地步，說不定這一次的轉彎卻是通往理想的路徑。**假使你有經濟壓力，只能把工作視為賺取收入的手段，那也沒關係，先務實地看待自己的能力以及現況，想清楚自己能做什麼、擅長什麼，有做就有累積，當累積夠了，自然一切也會跟著順了。

或許有人經歷了很長的時間仍找不到理想的工作，不要氣餒，假使找不到真正想要的職位，不如就先從最接近它的職缺著手。我年輕時也是一直找不到行銷企劃的相關職位，後來決定先做業務性質的工作，再從旁學習行銷相關知識與經驗，先務實地賺取收入，也為將來的職涯打基礎，日後也才有能力與機會從事自己喜歡的工作。

釐清自己的想法、需求與處境，不管別人如何，專注於自己，不用與人比較好壞快慢，每個人都有自己的時區，唯有持續前進，陽光終有出現的時刻。

記得，人生不會沒有路走，端看我們想要怎麼走。當你覺得過得不快樂的時候，請告訴自己：至少你是還有選擇的。能夠做選擇，就是一種幸福。

8_ 所有的失去，不算是真正的失去

會困擾你的，只有自己的在意；會過不去的，只有你的執著。

#給忘了自己是有能力讓生活變好的人

「人生並不是非誰不可，我們不會沒有誰就活不下去。」這是我之前在社群媒體寫的一句話。後來有人留言表示不認同，他說：「阿飛，你會這麼說，是你沒有遇過真正失去的痛。」

我當然不敢說自己可以對別人的遭遇完全感同身受，不過可以理解的是，當一個非常在乎的、至愛的人離去，內心肯定是非常悲痛與難受。

然而，什麼是真正的失去？生活中各種境遇的體驗，都是個人感受。同樣是不小心掉了一千元，有人會提醒自己以後要留意，然後一笑置之；有人卻會不停責怪自己怎麼不小心，怨嘆怎麼會如此倒霉，根本就是今天不順的開端，徒留負面情緒在心裡不斷地擴大。許多事情，我們無法預測也不能掌控，可是如何看待它卻是自己能夠決定的。

任何人進入我們生命都是一種緣分，緣淺的只是路過，緣深的則是成為了至關重要的角色，產生了長長的羈絆。不過，無論緣深緣淺，陪伴的時間或長或短，終究會有離去的時候，可能是不得不走向各自想走的道路，也許是那個人不能再繼續陪你走下去，那都是無法改變的必然。

每個人來到這個世界時，是什麼都沒帶的來；有一天離開這個世界時，是什麼都不會帶的走。既然如此，生命裡所遇到的失去，是否都不算是真正的失去？

失去了某個最在意或最愛的人，當下的你彷彿墜落人生谷底，再也走不下去了，好痛苦、不想動，不過那全是你的個人感受。**在黑暗裡，別人可以給你光，但是你要先願意打開門窗，能夠決定要不要好好生活的人就是你自己。**只要你願意，一定可以從黑暗的深淵爬出來，即使沒有人伸出手，就算動作緩慢也可以自己爬上來。

感到難受時，深呼吸，靜下心，會困擾你的，只有自己的在意，會過不去的，只有你的執著。

別為難自己。我相信沒有人會希望誰會為了自己而過不下去，更希望自己在乎的人可以過得很好。而你現在認為百孔千瘡的事情，只要能夠轉換念頭，讓自己重回常軌，好好過日子，日後就會發現留給我們的，不是傷心，而是一段溫暖的記憶與美好的緣分。

保持溫暖善良的意念，
就會吸引溫暖善良的人
來到身邊。

想要變得更好，想要擁有理想的生活，這樣的心態當然是讓自己成長的動力。

但，有些人總會花費許多時間和精神，過分在意周遭的人事物，與別人比較好壞高低，因此身心俱疲，甚至情緒失控。**我們追求自己想要的生活，並不是去複製別人的人生，更不是非要與誰拚個輸贏**。

前陣子聽印度靈性上師薩古魯（Sadhguru）的演講，其中有一段話特別有感，大意是：「人們在生活中有九成的事情都是如自己預期進行並得到成果，可是會為了剩下一成不如己意的事情而難過痛苦。」

遇到不順遂，許多人就會怪罪別人或是埋怨命運與環境，卻忘了一路走來遇過的好事，也擁有一些值得慶幸的人事物。

不快樂，往往都是從比較、計較與不知足而來。會去比較、計較的人，通常是因為內心匱乏所致。越是比較、越是計較，心的空間也就越縮越小，然後變成惡性循環，更愛計較、比較，也更加匱乏，心情一直處在低潮，生活怎麼會過得好？

不是努力了，事情就會順利；不是溝通了，別人就會理解。無法事事順心，這是人生的常態。

對於外在的人事物，我們通常無能為力，想要一切都在自己的掌握中，往往是自討苦吃。只要明白自己還在前往的路上，多花一點時間也沒關係，讓內心保有一些彈性與韌性。雖然我們無力掌握外在的一切，至少有能力改變自己對於事情的反應與態度。慢慢走，先把自己顧好，之後會穩穩地抵達想去的地方。

別人怎麼看、怎麼想，我們無從控制，但我們如何看待一件事可以自己決定。持續用適合的態度，就能走到適合自己的地方。保持溫暖善良的意念，就會吸引溫暖善良的人來到身邊。假使事情不如預期，難免會不開心，但別忘了可以先調整自己，用敞開的心去看待，欣賞別人與自己的好，別為了一點不好就否定所有。讓心變得寬廣，就有更多空間去接收萬物，也能讓自己的生活越來越豐盛。

10_想要更好的人生，
試著提升自我能量

生活品質想要提升，先讓自己的想法、邏輯與價值觀能夠匹配。

#給苦於生活沒有提升的你

「想要擁有的，通常不屬於你；想要牢牢抓住的，反而容易失去。」這是多數人常有的感慨。

世界的運作其實都是能量的共振與交換，當你發現那些想要的人事物都不在身邊，反而離你越來越遠，請試著調整自己的能量。我說的能量並不是神秘學，美國心理學家大衛·霍金斯博士過去曾發表知名的「人類意識能級分佈圖」，他與物理學家共同研究，發現能量確實存在，人類在不同的意識層次都有其相對應的能量振動頻率，而所有的物理存在也是一種能量振動。

當然，要提升意識能量並不是容易的事，每一個人的能量都是由信念、動機、道德和心靈來決定，所以想要自己的人生能有所提升，必須讓自身的想法、邏輯與價值觀能夠匹配。

什麼是好的能量？其實就是我們常說的正面特質，像是善良諒解、寬容接納、平靜淡定、主動勇敢與自信樂觀等等。然後，**要提醒自己不執著，隨緣也隨喜，因為過於執著與渴求，這些情緒與念頭都會造成自我能量下降。**

另外，除了在心智上設法調頻，日常生活中也可以做一些有益的調整，例如多去戶外走走、多吃健康有機食物、多做喜歡或開心的事情，以及多感謝自己與身邊的一切，這些習慣都能改善能量頻率。生活越簡單，自己越放鬆，我們的能量自然會越來越提升。願大家都能開始調整信念與態度，提升成好的能量，好的生活也不遠了。

Chapter 02

給自覺孤獨的你

孤獨是隨時隨地都會出現的，因為你不可能被所有人認同、喜歡與理解，但也不能因而去排斥、抵抗它。

給害怕孤獨的你

適應孤獨，那是一門人生的必修課。

有人陪伴，有人依靠，當然是值得慶幸的事情，可是陪伴與依靠需要有人願意，而你也願意才行，萬一遇不到這樣的人，就必須學會如何與孤獨相處。

在面對孤獨之前，首先要明白自己為何會出現孤獨感。曾有心理專家推測孤獨可能是一種心理防禦機制，大腦藉由孤獨感來提醒我們孤身一人不利於生存。但，實際的情況並非在僅僅一人時會感到孤獨，在現實生活裡，即使是身在人群之中，也會感到孤獨。

當然，很少人會真正喜歡孤單、享受寂寞。仔細思考你的生活，是不是經常覺得自己很辛苦，或許是老闆小氣，也許是同事自私，可能是伴侶的不諒解，不然就是家人的親情勒索，你的許多苦都是從這些關係裡產生的，既然如此，為何不放下這些關係，或是去理解每個人的孤獨。比方說被排擠、不被理解、被遺忘或是無法融入，稍微聯想其實不難發現，**孤獨感的背後，是我們渴望與其他人有所聯結、被人認同、與被人喜歡。**

只要身處在群體之中，孤獨是隨時隨地都會出現的，因為你不可能被所有人認同、喜歡與理解，但也不能因而去排斥、抵抗它。正視自我的感受，去認識、接受與適應孤獨，讓自己開始不害怕一個人的時光，讓自己獨處時可以沉澱、思考與自我成長。當自己明白差異時，就能夠慢慢體會與孤獨相處的時光，不是一件壞事。

我們都是一個人來到這世上，只是有時陪伴玩樂的人比較多了，便有了眾星拱月的錯覺。當一切恢復原樣，認為自己遭眾人遺棄，成了孤單一人。只不過是海市蜃樓消失，還給你一個本來面目而已。

孤獨，或許不好過，但並不可悲，那只不過是一種心理狀態，讓它和平共處就好。

要改變這個世界太難，
過好自己的生活，
不被這個世界影響，
就是對自己最好的
溫柔。

給感受到人際溫差的你

有時候不說，並不是不想說些什麼，只是覺得其他人不會想要聽，或是不會喜歡自己說的內容。或者覺得自己想講的事，對他們來說，像是來自於另一個世界的事。

沒有人想要讓自己與周遭格格不入，也不是非得把其他人都阻擋在門外。我們的一顆心，曾經熱騰騰地揣在懷裡，迫不及待想與人分享那份溫暖，卻沒什麼人感受得到那熱度，於是慢慢地，原本炙熱的心降溫了，降到只夠自己取暖的微光，只怕身上連那僅存的微溫也留不住。

有一段時間，我蝸居在家，不願出門；閉著眼睛，不想睜開。假如能夠，想要一直睡、一直睡，乾脆不要醒來了。外頭的陽光再暖和、再燦爛，都像是刺眼的寒冷。難道，是自己與這個世界存在著溫差吧。

不喜歡某個人的時候，可以試著保持距離，不主動接觸。連自己都不喜歡自己的時候，特別無力，想逃都不知道該往哪裡逃。**自己的心鎖在門裡，不讓人看見，也拒絕任何人走進，寧可做個孤獨的人，也不想成為被不解與嘲笑重擊的人**。還好，終究是走出來了，要感謝我的母親，以及那時的她，因為有她們對我的守護，才讓我與這世界重新聯繫。

以前覺得長大所帶來的痛與苦，出自於我們勉強去習慣的副作用。習慣這個世界原來充滿著自己不喜歡的事與處不來的人，習慣這個世界有許多人不認同你、不理解你。現在，我才發現長大的美好，在於我們越來越明白怎麼去面對那些討厭的人事物，越來越有能力去決定自己應該要成為怎麼樣的人。

要改變這個世界怎麼對待自己太難，但是可以過好自己的生活，不被這個世界影響，這就是對自己最好的溫柔。

即使沒人感受到我的溫暖，沒關係，我會好好守護著自己該有的溫度。你也做得到。

累了就坐下吧，
傷心就哭吧。
哭沒有關係，
那是一種情緒的宣洩。

給受傷了卻哭不出來的你

很多人不清楚你的獨立並不是與生俱來，而是累積許多許多淚水慢慢形成的；很多人不知道你的堅強並不是表裡如一，那是看透了很多、很多的現實才努力偽裝的。如果能被世界善待，也就不用再假裝自己很堅強。

——會沒事的。
——慢慢會變好的。
——算了，就這樣吧，總會解決的。

你試著這樣說服自己，或許未必能成真，不過你知道與其不停的埋怨，不如讓自己試著去相信，也讓自己在辛苦的日子裡內心好過一些。

但願有一天，你可以卸下偽裝。累了就坐下吧，傷心就哭吧。哭沒有關係，那是一種情緒的宣洩。現實生活中，哭過之後也不會有任何改變，畢竟這個世界鮮少會因為你哭就變得溫柔，不如想辦法把自己變得更好，變得更強。好好哭過一場，然後再拼一次。

有時，**疲累是不自知的，因為那已成了日常。曾幾何時，忙碌是常態化，生活變制式化。**

很久沒有好好打扮，很久沒有出門聚會，很久沒有開懷大笑。不記得明天的預定行程，不記得昨天午餐吃了什麼，不記得上次抬頭看月亮是何時，當這些癥兆出現時，我猜你已經累了、乏了。或許無處可躲，或許沒有勇氣離開常軌，不過至少可以提醒自己找時間喘口氣。

我們給予這個世界那麼多，值得讓自己過得稍微好一點。世界這麼大，總是有棲身之所。好好對待自己並不過分，而是必須要做到的。

人際關係裡總是免不了出現難堪、失望和謊言，當我們懂得看開，自然可以承受那些挫折和虛假。假使你什麼都無所謂了，也就什麼都傷不了你。勇氣，能帶你突破難關；看淡，能給你平靜自在。有情緒、有壓力時，就該找適當的機會好好宣洩。

然後，睡前輕輕對自己說：**「昨天，再見。明天，請多指教」**。

好好活著，好好生活，
你的人生是有意義的。

給覺得自己孤立渺小的你

東野圭吾在《嫌疑犯 X 的獻身》寫道：「一個人只要好好活著，就足以拯救某個人。」

是啊，任何人的存在都有其意義。**即使你感到孤獨，或是感到被否定，但，你的存在本身就具有不可抹滅的意義。**

幾年前，我對「憂鬱」有了一些認識。那是一種無助的延伸，被無力感淹沒，懷疑自我存在的價值。自己都知道需要振作，努力填補，卻又不停出現破洞。那是一種「世界為何如此對待我」與「我為何無法對抗現實」的感受，也是「我能不能變好」的自我懷疑。

人一旦認為自己是不好的，就會一直痛苦著，會在不同的時點痛苦。我們的思緒本來就是難以控制，只要一個燃點，就可以在心中燒成整面荒蕪。但無論如何就是不能責怪自己，責怪情緒，因為責怪並無法改變什麼，為了能夠好轉，必須要找到那個燃點，進而著手改變。在那之前，請告訴自己「好好活著，好好生活，你的人生是有意義的。」

或許你感到孤獨，覺得不會有人可以幫助你，其實未必如此，往往只是我們喜歡一個人、習慣獨處而已，並非世界孤立了自己。我也曾經對這個世界感到灰心，也對自己失去信心，可是當我試著向人訴說自己的感受與處境，然後幸運地發現有人願意支持、陪伴，不吝給予協助與建議，使得一切開始慢慢好轉。**世界再淒涼，我們也能從中找到一點點火光。**

於是我的存在，又有了不同的意義。因此，我希望能讓更多人感受到自己存在的意義。

我覺得長大、變老還是有一些不錯的部分，譬如慢慢清楚怎麼照顧好自己。可以多一點自信，懂得自愛，也可以自處。雖然無論到了幾歲，還是會面對煩心與受挫的卡關，至少已經明白事後該如何調適心態與排解情緒。也會提醒自己不必汲汲營營於各種關係上，不用勉強別人，也無需討好他人。經驗會讓我們領悟到讓自己自在、讓愛自己的人放心，才是世上最重要的事。成長，很累，卻也很迷人。

一定要喜歡自己。現在的我，喜歡自己的孤僻，喜歡安靜，喜歡剛剛好的距離。喜歡發呆，喜歡雨天的聲音，喜歡貓的姿態，而且是非常、非常喜歡的那種。願你也開始非常、非常喜歡自己。

5_一個人也沒關係

別害怕落單，
總有些領域是
一個人才能進入的，
也總有些事物是
一個人才能領悟的。

給害怕落單一人的你

當我年紀還小的時候很怕落單，擔心被人討厭，憂心被排擠，於是想方設法地讓自己擠進某個圈子裡。萬一擠不進去，至少找一兩個人在一起，總之，就是避免自己落單就好。實際上，在我內心裡未必喜歡與認同那個團體，現在回想，或許只是不想被當成習慣獨處、很少與人互動的「怪人」吧。

現在的我，漸漸理解自己真正需要的是什麼，不想在人際關係裡勉強，不想加入小團體或不適合的朋友圈，反而讓內心獲得輕鬆與解放。

大部分會害怕落單的人，**真正害怕的並不是一個人，而是恐懼「一個人很悲哀」的想法，於是抗拒孤獨、害怕落單**。放下這樣的成見，試著轉換成「一個人也沒關係」的想法，一個人比較自由，一個人比較輕鬆，或許就能擺脫人際關係的束縛。

獨來獨往並不是怪，而是一種生活狀態。勉強自己融入不喜歡、不適合的人際關係，讓生活過得不自在，那才是真正的怪。

當我開始明白自己一個人也無所謂後，我覺得身心狀態才真正開始成長。自從不勉強自己擠進朋友圈，除了不再為了讓自己留在圈子裡傷神，我有更多時間獨處與思考。藉由獨處與自己對話，自然而然，開始思考什麼才是自己想要的人生狀態、工作、未來，與自我省思。如果像過去那樣疲於經營人際關係，根本就沒時間、也沒心思與自己的內心對話，沒有把一般日常生活得到的經驗透過思考、沉澱，再內化成自己的養分，更別說是獲得成長了。

自從開始習慣一個人的狀態後，我常在運動時、散步時，或做家事時思考很多事情與問題，透過這些思考與反省的時間，我覺得確實有使自己的生活比較順利，也對人生有了一些新的想法。

你不必像我一樣，喜歡一個人獨處，可是希望你別害怕落單，總有些領域是一個人才能進入的，也總有些事物是一個人才能領悟的。

只要願意相信
自己能夠填補
心中那些
空虛與失落的缺角，
就能面對這個
複雜又多舛的世界。

給不知道該怎麼安身於世的人

年輕的你，總是希望尋求周遭同學和朋友的接受與認同。到了一個階段之後，你發現獨處並非困難的事，甚至會覺得其實安身在自己的世界裡，是一種很自在、很安心的狀態。現在的我反而非常珍惜一個人的時候，品味著和緩流逝的時光，寫文章、讀書、看電影、聽音樂或發呆，偶爾在晴朗舒服的天氣出門，讓太陽看看我還存在。

不可否認的是，獨處時容易想得比較多，也難以避免去想像。不是不想放過自己，而是我們的心不放過自己。**想得多並非全是壞事，即使無法想出完美的解答，但透過內省與沉澱，我們會漸漸梳理出自己活著的意義，也開始願意正視自己。**

或許你感到寂寞，或許你也會迷惘，有人會覺得枯燥，一成不變的日子就像是歷經日曬雨淋的水泥牆上的塗鴉，當初那些美好想像逐漸乾涸、褪色，現在的日子沒什麼好抱怨的，可是也沒有什麼值得稱讚的。於是你問自己有沒有一件真正想做的事，有沒有真正想過的生活，有沒有自己想成為的模樣。

親愛的，先試著安身吧，不管是安身在自己的世界，還是現實的生活裡，都不要強迫自己成為什麼樣的人。只要願意相信，自己能夠填補心中那些空虛與失落的缺角，就擁有能力面對這個複雜又多舛的世界。即使偶爾還是會感到寂寞，還是感到迷惘，還是會感到日子枯燥，不過都會再好起來的，因為你已經可以安心居處在這個環境了。

有時，你會突然覺得生活失去了方向，像是站在川流不息的繁忙路口，人們奔赴各方，似乎大家都明白該走向何處，而自己卻是一片茫然。但，你該擔心的不是沒有方向，而是失去了前進的想法與動力。老實說，你心中應該是知道該往哪裡走的，只是有一點點沒自信的念頭在心裡紮了根，便開始退縮與迷惘。

難免會有各種思緒與想法湧出的時刻，不必刻意壓抑，因為在那些反覆思考、琢磨與摸索的過程，才得以建構出真正的自己。當你安身了，有信心了，自然能夠在現實生活裡張帆遠行，當你有了確定的方向，便不再擔心自己想像太多。

思考是好事，不要害怕思考，也不要停止思考，它會讓你變得更好。除非，思考不斷讓內心產生負面的、不開心的念頭，就該讓思索暫停，去做點其他的事情，或別再繼續獨自一人。要習慣獨處，畢竟我們獨自一人的時間會比較長，但你仍需要與人交流的時刻，這些交流能給予你慰藉與溫暖。

與其著急
如何拉近距離，
不如試著保持
尊重的、友善的距離。
不求交心，
先求別傷到心。

給不懂如何與人保持距離的你

有讀者在簽書會上問我：「該如何與人拉近距離？」我回說：「你問錯人了，我的專長是與人保持距離。」

全場哄堂大笑。

我之前在社群網站上看到蔡康永分享過一段話，可惜沒記下正確文字內容，大意是這樣：「我習慣與人保持剛剛好的距離，這個距離是他送花給我會拿不到，而他想拿刀捅我也捅不到。」

我十分認同這段話的含意，人與人保持適當的距離並不等於冷漠，而是在那樣的狀態下，我們可以冷靜去看待彼此的關係。可以待人友善、適度關心，但不必熱絡裝熟，不必急著掏心掏肺，也不要想著在別人身上得到好處。

世上許多爭執、許多傷害，還有許多算計，其實就是從有了想得到好處的念頭後，慢慢開始的。

雖然保持距離會讓某些人感到難相處，然而，除非那些是可以信任、正直且在乎你的人，不然你何必在意他們對自己的看法，同時也能避免自己在人際關係裡受到傷害。

如果你本來就是個不擅與人交際的人，真的不用硬要與人打交道，最後落到雙方都尷尬。交朋友本該是開心、自然的，若還要掏空所有心力或是不斷偽裝，很快就會開始厭惡自己。

我認為與人交往不必想著如何拉近距離，「刻意」反而讓人感到不舒服，甚至產生戒心。每個人都有自己的喜惡、習慣與價值觀，因而形成了獨特的頻率。我們的頻率可以有交集，但不可能完全契合。如果每次的交集，你都想去配合對方的頻率，只會把自己的生活步調搞得一團混亂。

用平常習慣的步伐前進，比較舒服自在；若為了跟上別人而忽快忽慢，容易摔倒而受到傷害。

與其著急如何拉近距離，不如試著保持尊重的、友善的距離，不求交心，先求別傷到心。這不是自私或自保，任誰也不能保證，自己是否會在無意間傷到身邊的人。

不是現狀使人鬱悶，而是你用鬱悶的心態看待自己所處的環境。

給想要做好人際關係的你

或許你天性靦腆害羞，不擅表達，在人前總是緊張到忘了自己原本要說的話。也許你個性拙樸憨直，不懂世故，明明沒有惡意卻不時會得罪身邊的人。可能你認真率直，不願討好，後來被人刻意找碴排擠討厭。

很多人表面的信心和無所謂都是給別人看的，內心的不堪與挫敗卻只有自己清楚。從小到大，你在群體中尋找屬於自己的安身之所，這才發現，原來一直在不同圈子裡流浪。

我們之所以會那麼期待有人在乎自己，或許最大的原因在於我們並不夠在乎自己。

別再期望讓他人來給予，或是等待別人改變態度，與其奢望那些自己無法左右的事，不如調整自己能夠主宰的心情。有時，不是現狀使人鬱悶，而是你用鬱悶的心態看待自己所處的環境。當我們理解自己的人生不是非誰不可，自然會慢慢懂得以「看顧好自己的心情」為原則來思考生活方式。

生活就是由淡淡的欣喜、樂趣、悲傷和無奈所組成，每一日都會存在著微微的新鮮、期待、挫折、失望和無助，我們該做的，就是好好的感受這些複雜滋味。

別認為靦腆害羞不好、拙樸憨直不對，因為也不是樂觀、開朗、積極就是好的，真正重要的是你是否在乎自己的感受，不讓負面的情緒一直影響自己。**我們可以對別人的言行束手無策，但要試著讓自己的心情在世故裡悠遊、平靜。**

或許你與我一樣，都是習慣獨來獨往的人。獨來獨往只是一種性格，善良體貼卻是一種心意。性格雖然是天生的，但心意卻是自己可以控制的。即使拙於表現，我們的心意，對方仍然可以感受得到。假如對方沒有回應你的好意，就當作他也是拙於表現、生性害羞的人吧。若真有人不珍惜你的心意，那就當他不懂得欣賞。

如果不被朋友圈所接受，想哭、想訴苦，那都是正常的，今天好好哭，好好發洩，明天再帶著笑容面對這個不完美、卻仍然可愛的世界。即使這世界不友善，但我們還是可以選擇友善對待，好好善待自己。

即使不能眾人共舞，也能夠獨自漫步。其實，真正的開心自在，不是身邊有很多人陪伴，也不是在社群裡受人喜愛，而是可以在任何一種形式的寂寞中，甘之如飴。

過於接近人群時，
總是無法順暢的呼吸，
保持一段距離，
是為了能夠好好
喘口氣。

給以為沒有朋友的你

他望著遠方的虛無跟我說：「我很枯燥，而且缺乏動力，連靈魂都無趣至極。」

「連我都不想跟這樣的自己做朋友了。」他帶著苦笑又補一句。

這應該是用盡了所有偽裝的氣力，倉皇地從人群中逃離後，所講出來的話。其實，我們並不是沒朋友的。

總會有這麼幾個人，與自己的關係平淡，淡到手機裡沒有對方的電話號碼，唯一的連結是社群網站，頂多加個LINE或微信；甚至，你連他的全名都想不起來，平時沒什麼交集，連在彼此動態上按個讚也沒有。但，萬一你出了什麼狀況，例如失戀、失業，他們全不知從何處聽來的消息，一個個跳出來關心。平常乏人聞問，這時的你突然變得炙手可熱，各種問候、溫情紛紛傳來，不過你倒是很清楚，真正關心的沒幾個，想聽八卦的人倒是不少。

「我想，**只是不想勉強別人，也不想勉強自己罷了。**」除了安慰他，這句話也是在安慰自己。

請原諒我習慣獨來獨往，當過於接近人群時，總是無法順暢的呼吸。保持一段距離，是為了能夠好好喘口氣。我也是想靠近的，只是一直無法順利，感覺自己與其他人是呼吸著不同世界的空氣。感覺自己與人群是隔著一面玻璃罩，似乎只能輕輕敲擊著玻璃，向另一邊的人們傳達自己的心思。但再怎麼努力，一點都無法得心應手，不知是彼此的波長對不上，還是他們並不在意。

偶爾抬頭問天，如果都已經這麼努力了，是不是就能再靠近人群一點，是不是就能讓人們多接受自己一點？又或者，乾脆躲回安靜的殼，是不是就不會那麼容易受傷，是不是就沒有那麼多挫折了呢？我不害怕孤獨，也不擔心被漠視，即便如此，**還是希望別離開這個世界太遠，畢竟再怎麼不堪，它依然還存在著許許多多的美好。**

一直告訴自己要盡力、要勇敢，即使微微顫抖著，即使慢慢失溫中，也要維繫著自己與這世界的連結。一旦我們離開了殼，卻未必找得著心的歸處。儘管不喜歡、不擅長，還是不得不盡量融入人群，試著讓自己能應付那些虛偽做作。

終究會疲累的，也難免會厭倦。當現實太多泥濘，是否有人可以拉我一把，替我放下過於沉重的負擔呢？如果犧牲了自己珍愛的私人空間與時間，給予的獎賞應該也會包含著溫柔吧？我們不需要流於表面的交情，不需要虛假的噓寒問暖，也不需要無地自處的熱鬧喧囂。你也是這麼想的吧？

在還沒能被理解之前，就待自己溫柔一些，待世界友善一點。

”

不必急著馬上改變，站在殼外，
陽光總會灑下，心會再次溫暖。

”

10_最該討好的是自己

試著把那份
隔閡與疏離，
篩選成
更輕更柔的模樣，
然後自我消化。

給無法與世界同步的你

偶爾會感覺到這個世界步調好快，是自己走得太慢嗎？倒不是擔心跟不上，而是身上的快樂與悲傷似乎無法與這個世界同步。或許，這就是隔閡，這就是疏離吧。

你是否也偶爾會出現這樣的感覺？沒關係，不是只有你這樣，我也會，很多人都一樣。

難免我們會感受到內心的疲憊，甚至莫名出現微微的失落感，無法抵抗突然陷落的情緒，雖然身在群體裡，但心卻在外流離漂泊。那些費盡心神的努力，那些兢兢業業的維繫，那些咬緊牙關的苦撐，有時彷彿會前功盡棄，或像是受到這個世界的背棄。也許是疏離吧，也許是哀愁吧，就像是巨大的黑潮籠罩著你的心。即使你想告訴身邊的人，卻難以言明這樣的感受，只能任由漆黑的浪潮拍打著心，然後等待它慢慢退去。

關於接納自己，關於接納這個世界，絕對不是一件容易的事情。可能接納了自己，就容不下這個世界；也許是接納了世界，卻同時失去了自己。我們花了如此漫長的時間理解自己，仍未必理解透徹，又怎麼可能輕易取得這世界的理解與認同。當你能夠真正體認到這點，或許會稍微減低內心的焦躁與不安，或許會諒解自己與這世界的隔閡。

我想，慢慢地，我們都會明瞭，**那些竭盡全力的頑固倔強，那些他人眼中的獨善其身，都是為了抵擋這世界排山倒海而來的冷漠、誤解，與自以為是的正義。**

好好照顧自己這件事，我說得太多太多，但仍要不厭其煩地提醒你，也是提醒我自己。即使無法被認同，還是得將自己照顧好，不必討好這個世界，按照自己的步調慢慢前進就好，就算是停停走走，也沒什麼不好。

雖然自己的快樂悲傷無法與這個世界同步，但，可以試著把那份隔閡與疏離，篩選成更輕更柔的模樣，然後自我消化，這是我與世界共存的模式。

在雨天裡歡唱，當然也可以在喧囂中悲傷。無論悲喜，都是自己的，不必多做解釋，與他人無關。快樂，並不是指眼前的一切都很美好，而是不會去糾結那些不順利。然後，不會逼自己要開心，先求自在就好。

不想要有人陪著你走進黑暗裡，
卻在最深處帶著燈火離開你。

給主動選擇孤獨的你

很多人對於在團體中看似孤單或是不常與成員互動的人有誤解，認為他們不擅長或不喜歡社交互動，是缺乏「解讀空氣」能力，不知道判斷該怎麼與人說話才是適當。不過，雖然那些人與眾不同、有些古怪，可是絕大多數不只可以理解他人的含義與團體的氛圍，說不定還比所謂擅長社交的人更突出。

或許，因為我們懂得解讀別人的情緒、態度與對自己的評價，所以更能體會到某些人的迎合、厭惡與虛假。且就算能解讀出他人的社交信號，我們卻未必能夠對於這些信號妥善應對。因此，有的人不敢或不屑與之往來，寧願選擇當別人眼中的怪人、獨行俠，至少不必為人際關係間的磨擦與傷害而煩惱。

這些選擇孤獨的人當然明白這世上還是有溫柔、體恤與真誠存在，也會期待得到溫暖、真心的眷顧。

只是，他們應該也會擔心古怪、善感的自己，會不會傷害到懷抱著善意而來的人，所以寧可與人保持一點點友善的距離，也不希望因為過於接近而造成碰撞與誤解。

別認為選擇孤獨的我們很可憐，不得不的孤獨也許是悲哀的，或抱持著「一個人很可悲」的想法而處於孤獨狀態的人是沮喪的，但自己選擇孤獨的人則不同，我們只是認為這樣的生活狀態與社交模式，才是目前的自己感到安穩與舒適的形式。

因為認為減少與人互動的狀態是最適合自己的，便慢慢學會一個人解決問題，不勉強去迎合群體，不讓他人的冷言冷語影響心情太久。盡量不造成他人的困擾，保持友好的態度對待身邊的人，思考自己想要什麼，而不是他人想要自己做什麼。

在《我將前往的遠方》書中，郭強生有一段描寫孤獨的文字：

「有一種孤獨，是因為求之不得，被迫放棄了最初所期待的，與這個世界產生關聯的方式，拒絕再嘗試。另一種孤獨，是因為心安理得，讓自己安靜沉澱，決定專注在認為值得的事情就好。」

這段話可以讓我們好好思考「孤獨」之於自己的意義，不論是求之不得，還是心安理得，或者根本是哭笑不得，只希望你不要認為是自己的罪有應得。

多數人不會喜歡孤獨，只是更不喜歡失望而已。就像是你寧願靜下心閉上眼，直到自己適應黑暗，也不想要有人陪著你走進黑暗裡，卻在最深處帶著燈火離開你。

臭臉，
有時是對自己的保護，
把討厭的人與麻煩的事
隔離在外。

給想要偽裝的你

你總是對人客氣，但他未必放在眼裡，只要發了一次脾氣，他便一直記在心裡。我想，這就是所謂的「做人很難」吧。

保持友善並不容易，與人往來總會經歷心傷。不是每個人都能懂得愛惜，也不是都能懂得欣賞，還是會遇到把好意視為理所當然、把獲得當成天經地義的人，難免氣餒，難免感嘆。因此，你認為自己時常被人誤解，也無人能理解。

榮格說：「孤獨並不是來自於身邊無人。感到孤獨的真正原因，是因為一個人無法與他人交流，對他來說那些重要的事情。」

不被理解，又需要被理解，才會產生孤獨感。被人誤解也無人理解，心中產生苦悶的情緒是必然的。別鬱悶太久，你最後會發現那些不珍惜你的人根本不值得花太多時間難過，對於不懂你的人也不必花太多力氣去迎合。我們寶貴的人生不該全用在閱讀空氣，空氣是用來呼吸，而真正需要的是勇氣，必要時還要展現一點脾氣。

微笑是最好的化妝品，但也不用事事都微笑待人，笑久了，還會有人覺得你虛假。**微笑是給予值得的人，對於不值的人該臭臉以對也別客氣**。臭臉，未必全是不好的，有時是對自己的保護，把討厭的人與麻煩的事隔離在外。

但，希望你保持著善意。你的付出不是沒有任何意義的，即使不被接受；那個意義是讓我們了解到不被接受的心意不算溫柔，這時就該把那份溫柔收回來，好好對待自己。沒關係，至少你願意先試著好好對待身邊的人。

受人歡迎未必會比較開心，也不見得適合你的個性。特立獨行又如何，被視為局外人又怎樣，這世界就是因為有著各式各樣的差異共存而美好，所有人事物都是不完整的存在，我們每天努力的，只不過是用著不完整的樣貌，好好生活著、好好感受著。即使被視為怪人，也沒有不好，只是你不想偽裝而已。

你要順從自己的心意，因為情緒憋久了會憋出問題。有人喜歡自己，當然很開心，只是不用追求每個人的喜愛，有幾個人不接受你、不喜歡你，一點都不重要。你要欣賞自己的特色，這個世界上，一定會有人喜歡你的模樣。

13_結束，也是一次
重生的契機

人生總有
需要除舊佈新的時候，
有人離開，
也會有人靠近。

給有時只想逃避的你

我們似乎總在不知不覺中開始逃避些什麼。逃著，逃著，就逃進了孤獨的洞。

有人認為你要走的方向不對，有人覺得你選擇待的地方不夠遠，其實是你在出發之後，就選擇逃避與裝聾作啞。因為自己無能為力，於是置之不理，以為那樣就不會再影響自己。但，不管你到哪裡，它就像影子，一直跟著你。不正視問題，就永遠無法前進；不面對傷口，永遠無法釋懷，即使你早就躲進孤獨裡。

當我們感到不快樂，不是買個包包、買件衣服就好了，也未必是換了工作、換了環境，就能扭轉現況。而是**試著找到癥結點，要從日常、從想法、從根本開始改變，一點一滴重拾並掌握生活節奏的方法。**

我常說要多愛自己，不過有些人急著愛自己、做自己，因而失去了自己。別急，會選擇逃避的，那一定是困難的事情，不是一朝一夕能夠改變的；或者在無力改變的狀態下，只能選擇放下。

能夠治癒你的，或許不是時間，只有和解才能真正治癒：對自己和解，也對過去和解。

在我們的生命裡，難免會有無能為力的挫敗，但仍要保持信心。不管你遭遇了什麼樣的變故，什麼樣的悲傷，記得提醒自己一切會過去的。

用盡全力的事業可能會失敗，相知相守的伴侶或許會離開，真心相待的朋友也許會背叛。**我們越重視的那些人事物，越容易讓身上傷痕累累。**

人生總有需要除舊佈新的時候，有人離開，也會有人靠近。結束，是一次重生的契機。

假使掉進了黑暗裡，
最好的方法就是
靜下心，慢慢等待，
直到你的雙眼
適應那一片暗黑。

給不知道該選擇生活還是選擇孤獨的你

今天才坐下準備寫稿，咕嚕就開始展開各種干擾，或長叫，或討抱，或拉扯衣褲，或踩踏鍵盤。這隻老貓無所不用其極，就是不想讓我工作。其實，咕嚕很少會做出這樣的舉動。我一下安撫，一下阻止，一下勸說，全無效果，終究放棄了抵抗，離開書桌，回到房間靠著床頭看書。咕嚕翹著尾巴，一副開心的模樣跟了過來，跳上床，心滿意足地趴在我腿上。直到咕嚕睡著後，我才輕手輕腳地離開床，回到書桌前寫稿。

對我來說，**寫作是用許多的孤獨慢慢堆疊出來的。這不是抱怨，或是感嘆，應該說是一種必需。**

寫作是需要靜下心來的工作。我沒辦法在外頭寫稿，無論是咖啡店，還是速食店，任何太多人談話、走動的地方，我容易被其干擾，難以專心動筆。若是身處在外，通常只是記下靈感、想法或是整理筆記。想要好好的寫，終究習慣回到家裡。但，在家不時會有家務、貓事，或是一些細瑣的小事，又會讓想寫點什麼這件事暫時擱置。

這麼一想，寫作是真的需要獨處，需要有時間來感受孤獨，再從孤獨中提煉出靈感與想像。不過，生活的擔子隨著年紀增長，漸漸沉重起來，似乎越來越不容易好好感受孤獨了。**很多事情都是這樣的，一旦決定某一邊，通常另一邊就變得難以掌握，甚至漸行漸遠。**選擇像正常人一般的生活，日子就會被許多日常的瑣碎給淹沒。

若是選擇孤獨，日子久了，也會變得無法好好生活。

寫作的人只能盡量抓住生活與孤獨的平衡。適應生活，也適應孤獨。

假使掉進了黑暗裡，最好的方法就是靜下心，慢慢等待，直到你的雙眼適應那一片暗黑。生活也是，孤獨也是。

不必羨慕別人，
我們永遠不清楚，
他究竟是
花了多少力氣
才讓自己看起來很好。

給好難找到快樂的你

若要論孤獨與寂寞的差異，我想每個人的定義都會有不同。但，大多數人應該分不清這兩者之間的異同。如果硬要區別孤獨與寂寞的差異，可能就要拉到形而上的哲學論戰。

對我而言，孤獨是持續性的心理狀態，而寂寞是突發性的心情感受；孤獨是無法融入群體的自覺，而寂寞是希望有人陪伴的心情，大抵是這樣的差別。但，不管孤獨與寂寞的差異是什麼，本質上就是「獨自一人」，未必是現實狀況，更多的是精神上的感受。

孤獨並不可怕，寂寞才會使人發慌。寂寞是突然發生的，無法提前做好準備。

還好現在的我，鮮少會出現寂寞的感受。對於孤獨，因為是持續性的心理狀態，它之於我來說，儼然成為一種習慣，懂得與孤獨共處，漸漸開始學習與它對話，甚至把孤獨視為創作的基底。

青春年少時的我，是分不清孤獨與寂寞的。因為年輕，還不明白該如何與之共處，無法與自己好好對話，所以徬徨是正常的，害怕也是正常的。長大這件事，本來就會伴隨許多副作用，比方說，生活不再簡單、思想不再單純，快樂變得複雜難懂。但，**快樂並非不存在，只是變得細碎，變得輕薄，可能飄散在某處難以尋得，也可能夾雜在每個無奈、麻木、或長或短的瞬間，我們必須時時刻刻留心地撿拾回來。**這段過程裡一定會經歷幾次傷痛，可你會在創傷與瘀青裡漸漸學會與孤獨共處，學會怎麼忍受寂寞，學會緊抓住某樣東西，把它當成拐杖站起來，即使磕磕撞撞也能找到一絲快樂。

親愛的，如果想要放棄什麼，想想是什麼支持你到現在，日子不再簡單並沒有關係，感到孤獨也不要緊，你不必羨慕別人，我們永遠不清楚，他究竟是花了多少力氣才讓自己看起來很好。我們習慣羨慕別人的生活，可能也有其他人正在羨慕你，我們總認為沒有拿在自己手裡的比較好。**我們的生活或多或少都曾被那些突如其來的所撕毀，經歷了一段失魂落魄，終於重新振作將那些碎片一一拾起，才讓自己看起來好好的。**

不管孤獨或寂寞，願你我即便一個人都能找到那躲在生活細縫裡的微小快樂。

屬於自己的幸福，
不是要想盡辦法去追尋，
而是從生活裡去「發現」。

給不停尋找幸福的你

在寫賀卡時，我總會留下一句：早日找到幸福。但，後來我才想清楚，其實幸福不是用「找」的。

因為幸福根本不是具體的、像是寶物般存放在某處，讓我們可以依著提示、線索慢慢解開謎題，進而尋找到它。

等到自己年歲漸長，我終於體會到，屬於自己的幸福並不是要想盡辦法去追尋，而是從生活裡去「發現」。

到底幸福是什麼？每個人說出來的答案未必相同。甚至，還有很多人根本答不出自己心目中的幸福。

幸福，說穿了是一種感覺、一種心境。有人會因為每天早上醒來看到愛人的臉龐而感到幸福，有人會因為吃到美味可口的一頓飯而感到幸福，有人會因為自己還能健康到處走動看世界而感到幸福。

人生好難，可是獲得幸福感好像沒有那麼難。好好感受生活，說不定你的幸福就在眼前，比你想像中還要容易獲得。

先接納自己的不完美，
接納人生的無常，
再看下一步該怎麼走。

給從未真正接納自己的你

容易悲觀的人或感到孤獨的人都曾有過這樣的心境吧？花費大把時間去思考過去的種種選擇，覺得自己不夠積極、不夠努力，甚至質疑自己沒有決心和能力，以致於無法說服自己現在所走的路是心甘情願的。

或許有些人會說既然感到後悔了，為什麼不重新開始？或轉身離開？要不就是改變自己。這樣說確實沒錯，然而，如果可以做到，他們或許也不會走到目前的地步，現在的內心也不會如此糾結。他們已試著盡力跳脫那些否定的、負面的思考方式，可是往往事與願違；或是嘗試離開舒適圈，結果還是不盡人意，最後只能退守於自己的保護殼中。偶爾會有逃跑的想法，可是缺乏勇氣，也會覺得對某個人愧疚，終究放棄了念頭。

雖然說，**人生是自己的，就應該自己負責。**這句話你心裡都明白，可是就是做不好。你覺得說那些話的人無法體會你內心的糾結與孤獨，沒有人能夠對於你的難過感同身受。想要給自己一些動力，不要老是否定人生，不要害怕選擇。或是讓自己有些轉變，不要全身帶刺，不要一直逃避與人來往。你也明白身邊還是有接納自己、在乎自己的人，卻依然做不到對人生產生信心。可能為此經常感到抱歉，對家人、對朋友、對共事的人、對你自己。

或許，**我們最大的問題在於——從未真正接納過自己。**才會覺得自己不夠積極，才會認為自己沒有決心與能力，才會對現下的人生感到失望，然後衍生濃厚的孤獨感。孤獨，並不是指一個人生活，或是長期獨自在一個空間，而是感覺自我的價值不被人接受，自我的感受沒有人關心的一種心理狀態。但你是否忘了，**當我們沒有接納自己，怎麼奢求他人能接受自己？**

這一路上，我們不是沒有收穫，也不是沒有成績，即使過得搖搖晃晃，就算走得跌跌撞撞，還是完好無缺的過來了。可能還是做不到樂觀積極，也做不了什麼豐功偉業的大事，還是成為一個「剛剛好」的人。可以做到在自己的極限裡能夠完成的事，光是這樣就足以讓人期待。先接納自己的不完美，接納人生的無常，再看下一步該怎麼走。

質疑自己現在的路是否走得心甘情願並沒有必要，誰沒有替自己編造過一些理由，再將這些理由偽裝成自己前進的目標。任誰都有迷惘的時候，不知何時才能結束，但總要給自己一個方向，生活才能過得下去。

放心，走著走著，有一天你就會找到自己真正想走的路了。

無論悲觀也好，還是孤獨也罷，我會試著接納這樣的自己，我還是想成為一個溫暖的人，還是想成為能夠給予他人一點什麼的人。在這個世界裡，就連焦慮與空虛也是擁擠、冷漠的，只要每個人都釋出一些暖意，便能帶給他人一點點溫度，我們的存在就有了意義。

要懂得
一個人也能過得很好，
不然再多人陪伴，
內心還是會寂寞。

給正在想一個人的你

一個人，並不寂寞；想念一個人，那才會寂寞。我們都明白，相遇了要珍惜，錯過了要看開，但總會在某一刻驀然憶起，可能是一首歌、一句話、一間店或一個景物，寂寞也就輕巧地來了。

即使再怎麼習慣獨自一人，生命總有一個人，陪伴你一段時間，或長或短，無論最後你們是為了什麼原因而分開，後來回想，那都是一種必然吧。有些事情，在那個年紀是無法理解的，等到能夠理解的時候，那些事早已雲淡風輕。

沒有人陪伴當然會感到空虛。你回頭看看這一路上，絕大部分的時間都是需要一個人度過，即使很多人在一起，只不過是很多孤單的人聚在一起。要懂得一個人也能過得很好，不然再多人陪伴，內心還是會寂寞。愉快的程度，不是以身邊有多少人陪伴來決定，而是可以適應任何形式的孤獨。

年紀尚輕，總是想把自己丟到人多的地方去，以為這樣就不會被這個世界留在原地。可是當周圍越是喧鬧，卻會感覺自己越疏離。直到遇見了理解自己的、可以互相取暖的人，這才明白原來填補心中的空虛，不是很多人在身邊，只需要一個人就足夠。

年紀漸長後，我開始懂得享受寧靜，應該是值得欣慰的好事吧，不再追求喧囂熱鬧，反而希望避而遠之。不過啊，我還是希望有人願意偶爾陪我聊聊心事，讓我說說內心的不安與煩惱。我想，這是心靈的基本需求，每個人都需要的。坦蕩蕩地展現脆弱，其實是很棒的，表示自己內心那些不安的、正在崩解的部分正被某個人的溫柔承接著與包容著。

我想，**任何人都有他感受這世界的方式，即便是拙於表達，還是值得被愛，有權追求溫柔。**而想念，或許就是想要被愛、想要溫柔的一種形式吧。

有時只是需要
有個人能說說話，
就可以
好好過下去了。

給太習慣一個人苦撐的你

在大風大雨中堅持了太久太久，草木皆兵的情緒幾乎成為了日常，你把自己武裝成比銅牆鐵壁還堅強，可心裡面的不安、煩惱與憂愁，卻無處安放。

很多時候，我們會刻意展現出就算一個人也能夠過得很好，可以一個人在烏煙瘴氣裡安然自處，一個人在兵戈擾攘裡奮力拼搏，一個人把那些黑白混淆、虛假做作全都消化成淡然的心情。你確實是可以做到的，畢竟那些打殺都成為日常一晃而逝的風景。但，**在大風大雨的日子裡逞強太久，有時找個地方遮風擋雨，其實也無可厚非，**

你發現有人會替自己撐把傘，是件值得開心與感謝的事。

我相信，身邊還是會出現可以讓自己放下武裝的人。當你擔心受怕，他會想方設法將你的心包覆的穩穩妥妥；當你感到疲憊，他會拉著你出去透透氣，重新感受這世界還有美麗的風景；當你覺得寒冷，他會送上溫而不燙的情意，必要時給出大大的擁抱也不嫌麻煩。

或許，你一個人依然可以撐過去，然而，有個人可以陪我們走過去也很棒。

生活不易，有時只是需要有個人能說說話，就可以好好過下去了。

20_不正常才能維持正常生活

想要吃雞排，
那就為了能買雞排而賺錢；
想要吃和牛，
那就要為了吃得起和牛而努力。
過生活，也僅僅如此而已。

給主動選擇孤獨的你

獨自生活很苦嗎？一個人從事休閒活動很怪嗎？很多時候，只要習慣了一些事情與狀態，就不會覺得那是辛苦或是孤單。

打發時間與體會生活的方式，沒有什麼標準模式。如果你認為其他人的生活好像符合標準模式，那也是你自己認定的。實際上，日子是自己過的，關別人什麼事？**世上沒有真正幸福快樂過日子的人，只有看得開、並盡量用自己最舒服的姿態過日子的人。**

以我為例，一個人坐在街邊，沒有為了在等誰，只是看著人來人往，想像著那些人們的生活，就覺得有意思。替自己沖杯熱熱的咖啡，找個最舒服的姿勢看書，暫離現實生活，躲入文字裡的世界。或者是什麼都不做、什麼都不想的好好放空。請想想自己輕鬆自在的時光，一有空，就讓自己享受舒服的狀態。

生活或許不輕鬆，不過也沒有想像中那麼複雜。不如想得單純點，想要吃雞排，那就為了能買雞排而賺錢；想要吃和牛，那就要為了吃得起和牛而努力。過生活，也僅僅如此而已。

假使旁人認為你喜歡做的事很奇怪，或用異樣眼光看你獨自生活，那是他們的想法，重點是你自己的感覺。

大部分的人不都是要靠做一點不正常的事情，來保持自己可以正常生活嗎？

當你的人生走到了一個階段，就會發現根本不用汲汲營營於人際關係，想做什麼不必問別人意見，做自己想做的事沒人打擾，這樣的日子其實挺不錯的，好好享受做自己喜歡的、舒服的事就足夠了。

21_心中的空位

隨著歲月流動，
無論是否有解，
我們都會等到
一個句點。

給內心有著缺憾的你

由於父母很早就離異，小學一年級之後，他就沒見過媽媽。小學三年級時爸爸住院，暫時無法照顧他，便把他託付給奶奶，然後又輪流在幾個阿姨家寄居就學，國中時，連爸爸也消失在他的生命中了。他對於童年的回憶是片段、破碎的，沒有父愛、母愛的親情經驗，所以無法想像在父母照顧下長大是什麼樣的感覺。

大人總會提醒著「住在別人家要乖、要聽話」。他並不需要提醒，一直都有自知之明，寄人籬下不敢任性、也不敢麻煩人家。吃飯時，讓表姐表弟們先填飯夾菜後，自己才敢夾。阿姨買點心回來，他也會等其他孩子吃了，他才敢吃。

青春期的他，內心困惑又混亂，即使有親戚照料，仍然覺得自己像是被丟棄的流浪狗無處安身。很多問題無人能理解、也無法給回答，很多話無人可說，也不知該怎麼表達。

那段殘缺不堪的成長之路，為之後的人際關係與感情帶來一些問題。他缺乏安全感，覺得身邊的人遲早會遠去，與其到時傷心，不如先關起心門，不與人深交。總是給人表面客氣卻疏遠冷情、不積極，沒有什麼知心好友，總是獨來獨往。在戀愛關係裡，或許是父母不在身邊，在家族關係裡沒有可以學習的對象，他不知道該如何好好地表現愛。也許是想找回童年缺少的愛，讓他很容易投入戀愛關係，卻也很容易受到傷害，甚至在愛裡表現極強的佔有慾，給予對方很大的壓力。

不過，現在他的女兒兩歲了。即使父母在心裡的位置還是空著，他仍然成為了父親。

即便成長過程有缺憾，即便內心孤寂，在戀愛與人際交流中，最終會摸索出適合自己的模式，也會遇見適合自己的人。

對於「家」與「愛」，每個人有各自的心結，各人有各人的陰影，不足為外人道。但，隨著歲月流動，無論是否有解，我們都會等到一個句點。

我想起在某個節目中看到的一段話：「燦爛盛開是一種美，悄然綻放也是一種美，甚至寂然凋零也是一種美。」

就算是寂然凋零，願我們都能好好感受其中之美。

我們隻身來到這個世界，
也要能隻身在這個世界生存。

給以為自己總是在失去的你

我明白有時孤獨並非自己選擇的，也不能說是被逼的，卻是一筆一刀被環境形塑而成。

有些心情沒人分享，於是學會自我消化；有些問題沒人能協助，於是學會自行解決；有些事情沒人相信，於是學會不再解釋。很多人都是這樣成長的。有人能在身邊陪伴，那是幸運；沒人在身邊，那很平常。每個人都是獨立的個體，當然要懂得如何一個人過下去。

每個人選擇過日子的方式沒有對錯，因為人生沒有固定模式，可以喧囂熱鬧，可以安靜平淡，可以隨性自然，想要怎麼生活，端看自己的心情，與他人無關。

或許，你認為是這一路上的失去，才形成了現在的自己。例如遺失了信任、關愛，還有存在感。但，總會獲得一些什麼吧，有失必有得這是萬物間的平衡。有時候，我們好像獲得很多，卻沒有真切的感受。有時候，好像感受到很多，實際上卻什麼也沒有獲得。

不必擔心失去什麼，而是要好好緊握著現下對於自己重要的。就像我，即使已經別無所求，還是會有幾樣絕對不能失去的東西。比方說自我，比方說自由，比方說自信。

無法與孤獨共處的人，終究是無法長大成人。並不是說長大成人，就未來一路順遂，還是必須直面討厭的人、麻煩的事，度過那些挫折、虛假。不過，整體來說至少懂得如何應對與處理，也明白什麼樣的生活才適合自己。

孤獨是一種必然，我們都是一個人來到這個世界，也要能一個人在這個世界生存。孤獨是一種心理狀態，就算你身處在熱鬧喧嘩的環境，就算身邊有許多志同道合的朋友，依然不時會出現孑然一身的感受。

沒事的，我都過得好好的，你一定也可以。

每個人最後都要學會
和自己相處，
很多事終究得
自己解決。

給對孤獨抱持著負面看法的你

大部分的人都對於孤獨抱持著負面的看法。

我之前讀過BBC的實驗調查報告，其中有幾個有趣的發現。首先，不少人覺得孤獨感讓自己更積極。學者認為人類是透過團體合作才生存下來的，如果沒有融入群體，孤獨感會驅動我們尋找朋友、伴侶與同好，也會加強人在其他面向的發展，例如培養興趣、專心工作。此外，孤獨感強烈的人，對於他人更有同理心，可能是自己親身體會過無人協助、遭人排擠或被人背叛的感受，所以更能理解別人的處境。

習慣一個人，習慣孤獨，很可能是聰明、有才華或能力較強的人。因為那些有某種天賦與才能的人，從小就意識到自己與他人的不同，不太會依賴，也明白了獨立解決問題的重要性。大部分的人都認為懂得依賴他人、團隊合作，生活才會比較輕鬆，才容易融入社會，這樣說或許沒錯，可是**人生絕大多數的重要時刻，還是必須由自己決定、承受，各人有各自的路要走。**與其只想要透過別人的協助而生存，不如倚賴自己朝夕養成的能力與習慣更好。

我們每個人最後都要學會和自己相處，很多事終究得自己解決。如果能習慣一個人，便可以獨自面對挑戰，試著靠自己去解決日常的難題，而不是一遇到難題就求救。後來的你會慢慢發現，自己的處事能力、心理素質都因而有了巨幅的提升，生活中已經沒什麼事可以讓我們感到惶恐，日子也可以過得更從容。因為我們明白，沒有依賴就能減少失望，沒有依靠便能增加動力。

願你我都可以成為獨立且能同理他人的人。

Chapter 03

給在愛裡沉浮的你

我們從不缺少
相愛的本能，
與其讓自己內心
不斷糾結，
不如試著展現出勇氣。

給不敢勇於示愛的你

很多時候，不是不想那個人，而是即使想了也不知道該怎麼表達才好。只好把那份想念用日常的問候來傳達。

如果自己說想他了，他會開心嗎？就算開心只有一點點，那也沒關係。

更擔心的是，如果因此他困擾了，自己會更傷心。但，你也只能一直這樣思考著，獨自煩惱。

明明想著他，卻總在把心意傳出前猶豫不決。

該怎麼起頭呢？該打些什麼訊息呢？主動出擊好嗎？會不會打擾他？如果他不想回怎麼辦？

其實，你該問自己，自我設限這麼多，愛又怎麼開始？

你我都是一樣的，喜歡上一個人這件事很少發生，所以不習慣也不擅長。

愛本來就是一種充滿任性與無理的行為。有些事或許自己能夠選擇，卻未必能夠控制。喜歡的心情，無法像裝了水龍頭，可以說關就關。

即使有什麼戀愛使用說明書，還是不懂怎麼操作，就像有的人顯示上線，也未必能找得到他，有些事是靠自己也無可奈何的。但，假使從未盡過力，又怎能說自己無能為力？

我們從不缺少相愛的本能，值得擁有愛人的機會，與其讓自己內心不斷糾結，不如試著展現出勇氣。相愛，從不需要一個人條件很好、很完美才能開始。兩個人明白彼此的不完美，卻依然會喜歡對方那些小缺點，只有那一點點的好也無所謂。

勇敢，是一個人能否擁有美好的愛最基本的條件。即使最後事與願違，至少你展現了願意愛人的勇氣，可以昂首向前，不留遺憾。願你成為一個願意溫柔以待，並勇於示好的人。

喜歡一個人的時候，
那個人看起來
總是閃閃發亮，
其實那時候的自己
也是閃亮的。

給習慣默默等待的你

喜歡一個人的時候，那個人看起來總是閃閃發亮，其實那時候的自己，也是閃亮的。看著他的時候，即使遠遠的，也能感受到這個世界的美好。因為他笑了，自己也跟著笑。因為他的好，自己也想要變得更好。然後，為了引起他的注意，不知不覺地將自己也變得閃亮。

默默等待也是一種選擇，可以不受傷害，或許還可以一直維持現狀，但我並不想用這樣的方式來當作實踐愛的替代方案，也不會以為把愛意保護在自己心裡就會永遠沒事。與其等待與沉默，我倒寧願選擇將自己的心意告訴你，就算結果事與願違，至少餘生還是可以各自安好。

畢竟生命中值得期盼的事情已經不多，想要與你在一起，是我好不容易發現到、最開心也最期望的時刻。我不想錯過。

聽說靈魂的重量是二十一克，我想把它放在你手裡，但願不會成為你的負擔。我也希望自己給你的好，不會造成你任何困擾。所謂**能義無反顧去喜歡一個人，就算不清楚兩個人是否能牽起手一直走下去，仍要勇敢交出自己的心。**因為我相信是內心確實感受到的、在生活中能觸摸到的，那才叫做真實。謝謝那個人願意走進自己的生命，想好好牽著他一起走，也希望他不會輕易鬆開手。

你知道嗎？真正的愛，未必是要找到最好的那個人，而也是因為愛，他就是那個最好的人。

願你能遇見可以承接住自己靈魂重量的那個人。

愛是一瞬間的餽贈，
有就是有，
沒有就是沒有。

給有選擇障礙的你

一到中午用餐時段，就是上班族最煩惱的時候，為什麼呢？不知道今天要吃什麼。總是與同事先回想前幾天吃過什麼，要不就是網上搜尋新開的店、評價不錯的店，再來討論當天的午餐。想來那也是一種愉快的煩惱。

你不覺得戀愛跟上班族吃午餐很像嗎？明明有很多選擇，卻不知道該怎麼選，選項太多反而讓人舉棋不定；好不容易決定了，結果想要的偏偏讓你碰釘子；有的時候則是沒得選擇只好先將就。但，午餐不是時間到了就一定要吃，不餓的話，可以不用逼自己吃，晚點再吃也無妨；也許是附近沒有想吃的，可以花點時間走遠一點，找到想吃的再吃。還有，曾經讓你吃壞肚子的店就別再回去了吧。戀愛也是如此。

有緣，兩人能夠相遇。有愛，能夠在一起。有心，才能長長久久。相遇是緣，但是要不要走進愛裡，你可以選擇，那個人也可以選擇。

愛是一瞬間的餽贈，有就是有，沒有就是沒有。選擇你想要的，選擇有感覺的，千萬別為了某些原因而將就。**是你的就是你的，那些走近又離開的，只能說明他從來沒有屬於過我們；那些狠狠傷過你的，即使再回來，也該先保持距離，保護好自己。**

能夠遇到一個理想的對象，本來就是需要時間的事，所以別急，在遇見之前，先照顧好自己，那個人也會願意等著你。

我想，相遇後，他會讓你明白愛的真正模樣。愛，是體恤與理解的總合。即使有辛苦，即使有憂愁，但你們依然覺得能這樣在一起真是太好了，誰也不限制誰，卻誰也不會離開。這就是愛的真實模樣。

一旦選好
牽起的那隻手後，
牽了就別鬆開，
無論是否
有錢、有時間，
終究是需要愛。

給喜歡對愛開條件的你

相信不少人看過這句在網路流傳的話：「男人有幾種，有錢的、有時間的、有愛的。女人不要太貪心，因為男人就像咖啡，三合一的都不是什麼好東西。」

如果能夠選擇的話，你會挑選什麼條件的男人呢？

有錢的人，似乎會是很多人的選擇，可以滿足自己所有物質上的需求；卻不愛你，也沒時間陪你，這樣的關係根本稱不上愛情，更像是交易。他付出錢，而你付出靈魂。

有時間的人，或許沒有辦法滿足你的物質生活，若你只需要有人陪伴，無論時間長短，他都能夠好好陪著你。可是你並不愛他，這樣的關係也不算是愛情，只是有個能排解寂寞的對象。

有愛的人，你們彼此相愛，可是他沒有錢。只能努力工作，沒有時間與你相處，註定會是一段辛苦的愛情。

大家都清楚也明白，有錢、有時間、也有愛的人難尋；或是即使遇見了，你也有可能需要與他人共享，因為夢寐以求的對象，人人都想要。他的誘惑多、選擇多，自然無法忠於你一人。於是，大部分的人選擇退而求其次，至少有「二合一」的對象也不錯。

不過，上述都是理想的假設，在現實生活中，我們能選擇的，只有要不要追求與要不要接受。你說條件好的很難追求，其實每個人都難追，只不過你不會去追條件不好的而已。像我這種條件不好的人就很清楚。

愛從來都不是簡單的事。很多聰明的人，對於人際的喜惡與進退掌控得宜，卻輕易栽在愛裡。我們以為熟能生巧，卻依然笨拙得要死。愛一個人很難，要理解一個人更難。愛因為不夠理解，我們無法用對方想要的方式愛他，而對方給不了自己想要的愛，於是兩人漸行漸遠。

任何人事物都是有代價的，當事情變得複雜時，是因為我們太貪心，握在手裡的不想放，想再抓住其他的，又許願加碼不切實際的條件。與其一直想找更好的，不如好好考慮適合自己的。真正適合你的人，寧願爭吵，即使辛苦，也不會輕易選擇離開。即使有灰心的時刻，也願意花時間一起解決問題，而不是逃避去找別人曖昧。

沒有誰能全部都很好，正因為我們都不夠好，才需要一起變好。最重要的是，一旦選好牽起的那隻手，牽了就別鬆開，無論是否有錢、有時間，終究是需要愛的啊。不管是面對日常的柴米油鹽，還是無常的挫折打擊，有愛就能一起解決，一起成長。考慮條件太不實際，想要白頭到老也太遙遠，遇到合適的對象，先想著好好相處、再好好珍惜彼此，就是不錯的開始。

5_明白自己就好

明白自己的心就好，
知道自己想要什麼就好。
一切都不急的。

#給還很喜歡一個人的你

有時，**一個人，只是一種自然而然的狀態，沒有刻意，也沒有勉強**。

你也許不是不想被愛或不想愛人，只是暫時不適合愛。不論生活上，還是心情上，都自認不適合的狀態。

既然找不到一個適合的人來承接自己，不如就繼續一個人撐著吧。對你來說，獨處是一種練習，練習如何照顧自己，提升自己，還有喜歡自己，這並不是為了等待誰而準備，單純是為了迎來自己的人生。

或許，不是沒有人願意對你好，只是很多事你已經習慣一個人做到好，當有個人對你好時，反而還會有點不知所措。有人願意對自己付出關心是難得的心意，被人喜歡當然會感到開心，但煩惱也隨之而來。你很清楚喜歡上一個人的感覺，眼前那個人，就像是被放了濾鏡，美好的部分會被強調，不好的部分則視若無睹。因為被人傷過，也明白心意不確定時，不該盲目接受對方的愛，不僅會傷了人，也會痛了自己。

沒關係的，明白自己的心就好，知道自己想要什麼就好。一切都不急的。

美好的愛，不需要什麼事都心領神會，而是你們都明白，自己或許未必完全理解對方想要什麼，卻願意為了珍惜這次相遇而一起努力。理解他的同時，也盡量讓他理解自己。真正的命中注定，並不是別無選擇，而是就算眼前還有其他更好的選項，你們依然只想要在一起。

過去經歷的愛也許不順遂，都已成舊夢，**一輩子那麼長，不小心愛過幾個不好的人，也是很正常的**。

最後能遇見適合的人就好，在那之前，你只要先明白什麼才是適合自己的就好。

6_你們

那些愛終究會回歸到
柴米油鹽的日常，
在那樣的日常中
跌倒、受傷，
然後爬起、復原，
逐漸成為更成熟的兩個人。

給別忘了還有你們兩個人

相愛如此美好，可相處卻未必事事順心。

總是容易因為一句「對不起」而選擇原諒；也常常因為他的「沒事了」而恃寵而驕；為了等不到對方一句「我想你」而悶悶不樂。事實上，你應該要提醒自己，該在乎的並不是那句話，而是「你們」兩個人。

表達很重要，但更重要的是彼此的感受。兩個人的心近了，什麼話說與不說都只是形式而已。倒也不是鼓勵你在感情裡不必重視溝通與表達，我們希望的無非就是身邊的人能夠開心、在乎自己，如果一句話便可以做到，試著說出口也無妨。

相處本來就不是容易的事，真愛也從來不會無敵。在感情之中，會不安、會爭吵、會失望，但也就是在這些不安中慢慢了解自己內心真正的想望，在爭吵後理解對方的需求，在失望後開始懂得放下與包容。愛，沒有想像的偉大與神聖；那些愛，終究會回歸到柴米油鹽的日常，在那樣的日常中跌倒、受傷，然後爬起、復原，逐漸成為更成熟的兩個人。

愛，不易經營，貴在真心。**用一顆心去溫暖另一顆心，真心對待，真心喜愛，真心讚美，這樣才可以幸福，才能夠長久。**

在一段感情中，該在意的，不是他，也不會只有自己，而是「你們」兩個人。

你的付出，一定是因為對方也同樣在付出；他的體諒，一定是因為你而懂得體諒。有句話：「長長的路慢慢走，深深的愛淡淡說」。兩個人彼此在乎、願意理解，才能成就牢固的關係，以及建構出長久的、平淡卻也美好的日常。

相處未必事事順心，唯有彼此的在乎、體諒與理解，才能打下牢固的根基，便能抵擋住往後人生中難免的風雨與顛簸。

願我們都能擁有一份平淡卻堅定的愛。

記著那個人離開的時間，
也讓自己一直記著
那份悲傷、遺憾與自慚。

給不容易忘記前任的你

八年的時間，可以辦兩次奧運會，可以讓「飛魚」麥可・費爾普斯拿下十六面金牌，可以讓討人喜愛的小學生長成討人厭的高中生，可以讓滿懷理想的大學生變成唯利是圖的生意人，可以讓原本硬朗的父母轉眼成了虛弱的老人。還可以談一段美好的戀愛；當然，也有人是談了好幾段不怎麼樣的戀愛。

他喜歡數數，走樓梯時會數階梯的數量，跑步時會數跑了幾圈，等公車時會數經過幾個站牌、幾輛公車。從某一年開始，他開始數著那個人離開之後的時間，並不是期待那個人會回來，只是不自主地記著那個數字，三十天，八十五天，一百七十天，九個月，一年了，一年又三個月，兩年了。數到第八年，他才驚覺自己竟然數了這麼多年，而那個人在這段日子與自己的生活根本一點交集都沒有。

在這段日子裡，他照常作息，認真工作，三餐準時，保持運動習慣，有時間就安排學習課程，沒有刻意，不過，他確實慢慢成為更好的人。但，記著那個人離開的時間，也讓自己一直記著那份悲傷、遺憾與自慚。

那天，他終於想通了，**有些人出現在生命裡是來讓我們變得更好，並不是陪伴我們一直走下去的人，自己不該再對那個人有所期待了。**

那個人離開自己有多久時間根本不重要，重要的是，我們有沒有把握好自己能掌控的時間。

於是，他不再沉迷數數了。

你要懂得欣賞
自己的獨特與美麗，
才不會在
他人的眼光裡
迷失了自己。

給把事情想得太複雜的你

你寧願一個人生活，也不要為了一個不用心的人氣憤難過。

你寧願一個人好好走，也不要追在另一個人背後倉皇失措。

你寧願一個人迎向陽光，也不要待在另一個人的陰影裡委屈求全。

每個人都是別具一格的藝術品，大家偏愛的風格不同，未必所有人都懂得欣賞，可你要懂得欣賞自己的獨特與美麗，才不會在他人的眼光裡迷失了自己。

仔細梳洗，好好打扮，注意保暖，不特別挑食，適量用餐。做好該做的事情，對身邊的人友善，多走路，保持運動的習慣，有空去聽聽有興趣的課程或講座。睡前試著閱讀，無論是什麼類型的讀物都好。然後，盡量別熬夜按時睡。

即使是一個人過日子，你也該好好對待自己。我知道，你在等待真正值得用心的人，那個人也在尋找值得用心的你。

愛很重要，
可是保持完整的自己
更重要。

給容易為愛付出的你

你是一旦愛了就會非常投入的人，更是願意為愛付出一切的人，但也因為這樣，總讓人忍不住擔心起沉浸在愛裡的你。一段感情再怎麼難得，也不該為了誰而捨棄自己。愛的磨合，並不是切除，不該為了對方一點點的不喜歡，就連同屬於自己的某個美好的部分便全都捨棄。愛很重要，可是好好保持完整的自己更重要。

愛，應該是有來有往的，付出很重要，磨合很重要，絕不是單方面的一味給予，而是要兩個人都願意為了眼前的這段感情做出一點讓步、一點調整。

沒有誰可以要求任何人接受全部的自己，同樣地，也沒有人可以要求對方變成自己心目中的模樣，那都是自私與不成熟的表現。在愛裡的付出、包容與改變，全都是有限度的。你不斷失去自己的好，將那些好留給了對方，付出是你情我願，沒人可以批判。可是在這樣的關係裡，你不能沒了自己最初的個性，蒙蔽了該有的思考，離開了原本支持你的朋友圈，這樣的愛不是單純的佔有，更像是心靈的牢房，是無法成就美好的關係。

即便是**再愛一個人，愛到願意為對方無條件付出，那也沒關**

係。但，再怎麼喜歡，再怎麼付出，都不該讓別人決定你是什麼樣的人，不該讓別人認定你值不值得。你的模樣該由自己決定，而值不值得該由自己認定。

在愛的前提下，是你喜歡原本的對方，也喜歡原本的你，然後兩個人一起慢慢變好，而不是某個人一廂情願去配合、去改變。最好的愛情，應該是兩人為了彼此而變得更好，卻不會讓對方為了這段愛而沒了自己。

完整的愛，絕不是捨棄自己的一半，再與對方保留下來的一半所組成的；而是理解彼此原本的殘缺，然後由保持完整的兩人共同孕育出來。

在愛裡執迷不悟，
最大的浪費，
不只是時間，
還有在那段愛裡
持續失去的自己，
以及對人的信任。

給不知斷尾求生的你

後來，你們之間最好的溝通，只剩下沉默。
其他的就是爭執了。

愛在開始時總是充滿甜蜜。然而，在一連串磨擦、衝撞後，就是不斷出現敷衍了事與心不在焉，最後成了現在的模樣。

於是，你開始說服自己，兩人的不適合只是一時的不願磨合。或許你告訴別人，他與另一個人的曖昧只是表示友好而造成的誤會。替對方找理由，就跟把過錯推給別人是一樣的道理，全都是出自於自己的軟弱。把錯怪罪別人，是不願面對自己所犯的錯誤；替對方找理由，是不願面對自己的愚昧與放不了手。

錯的路，再怎麼努力，也無法走到對的地方。最該說服自己的，是發現對方不用心了、變心了，就該懸崖勒馬，而不是猶豫著是否要繼續下去，甚至是催眠自己對方會回心轉意。因為放不下，因為不甘心，因為怕後悔，使得我們從善良的人變成執迷不悟的人。**執迷不悟，不是一種勇敢；放不下一個沒把感情當回事的人，只是徒增心裡的難受而繼續延長。**

在愛裡執迷不悟，最大的浪費，不只是時間，還有在那段愛裡持續失去的自信，以及對人的信任。

不要過度期望你愛的人會為自己做出多少改變，也不要將一個人願意做的改變，當作愛的衡量。我們能做的是評估自己的愛究竟能夠包容多少缺失，以及能夠忍受多少失望。愛需要兩個人的經營，但有時愛也是一個人的功課，我們得要自己斟酌愛裡的美好是否足以超越那些不夠好。生活從來都是自己的，而不是期望某個人來為自己的幸福負責。

一段走不下去的感情，不是你不好，而是他不愛了，你變得再好也是徒勞。

”
你以後會變得更好，
也一定值得更好。
”

我們都一樣，
一旦愛上了別人，
就會不小心忘了愛自己。
愛自己，
比預想的困難多了。

給一談了感情就會沒自己的人

可以很愛一個人，但不要把那個人視為人生唯一的救贖，將生活的重心全都放在他身上，把心中全部的愛都割讓給了他。

在意一個人，自然會對他所有的話語、行為與情緒而覺得敏感。會對他的問候感到開心，自然也會對他的不聞不問感到失落。

明明告訴自己已經夠了，不應該在對方身上再浪費心神與時間。那些不堪啊，卑微啊，自欺啊，真的全都夠了。隨著日子一天一天過去，餘生一點一點減少，你發現自己的青春、時間似乎越顯珍貴。這種用盡全力付出、不顧一切勇往直前的情感，在往後的未來可能也無法如此用力。即使你腦中明白、心有疑慮，可一陷入戀情卻還是毫無保留地將整顆心都交了出去。就算知道自己最後很可能什麼都得不到，也知道那個人不會把心放在你手上。

我們都一樣，一旦愛上了人，就會不小心忘了愛自己。愛自己，比預想的困難多了。

認真的愛一個人並沒有錯，這是對一段感情最基本的心意與尊重。唯一的缺點是把愛全都給出去，卻沒有保留一些給自己，還一廂情願地認為一份卑微、不堪的愛仍有機會改變。你最該期望的，不是那個人的條件好不好，也不是等待那個人何時回頭，而是他是否願意珍惜你的心意，把你的事也當成自己重要的事。**別再頑固不化，遇到自私的人是運氣不好，但老是離不開自私的人就是自己不好了。**

若遇見了一個用心對待自己、痴心等候自己的人，請務必好好珍惜。不是每次你後悔了，他一定會站在原地等你，也不是每次被你傷害後，他都能夠好好復原。

或許會有那麼一天，當初你的視而不見會成為此生最大的遺憾，當你終於明白什麼人可以給予自己毫無保留的愛時，最後卻只能在過去的記憶裡感嘆。

心裡有人能夠想念，
或是有人正想念著你，
也是一件美好的事。

#給低估想念的你

當有人聊到「想念」，或是討論「遠距離戀愛」這件事，偶爾會想起幾年前朋友跟我說過的故事。

他與太太是在大學時因為兩校聯誼而相識相戀，畢業後，兩人各自回到家鄉生活，談了三年多的異地戀。當朋友的工作趨於穩定，便決定結婚，終結那種寂寞、低潮或生病時無法相伴的日子。兩人婚後生了一個可愛的女兒，在女兒五歲那年，他被公司指派到國外支援，為了讓女兒有比較合適的環境，與妻子討論後，決定自己單身赴任，於是又展開了好幾年與最親愛的家人相隔兩地的生活。

「回想我在國外那幾年真的很辛苦，不只工作忙碌，還要面對異國職場文化的差異，幾乎每天忙得筋疲力盡。讓我內心感到更累的，就是下班回到空蕩蕩的宿舍，經常會想念起老婆與女兒，那時候網路不像現在這麼發達，國際電話費又貴，只能盯著老婆與女兒的照片想著她們。以前每天下班回家，無論忙到多晚，老婆都會準備好飯菜，即使到了半夜，她也會等我回家。等我回到家，她便把飯菜熱了，我們會一起坐在餐桌，一邊吃一邊聊天，我說說今天公司發生了什麼事，她則說說家裡與女兒的趣事。在海外那段時間，我非常非常想念老婆煮的飯菜、兩人坐在餐桌旁的閒聊，可是，除了偶爾與她講一通短短的電話，其餘真的只能想念了。」

「有一次，剛讀小學不久的女兒寫了一封信給我，內容不長，大部分的字是注音，寫得歪歪斜斜的，雖然有錯別字，但我還是很感動。信中最後一段她寫到：『爸爸，媽媽睡覺前都會在餐桌坐很久很久，她都不早點睡覺。我常常偷看到，爸爸你要叫媽媽早點睡哦！』」

「那時我才知道，原來不是只有我感到苦澀，老婆也是吧？她或許也在想念著我。」

「我覺得自己這輩子最成功與最幸運的，就是當年能與老婆相遇，然後她願意與我在一起。」

朋友說完後那流露出感激與愛意的神情，我至今仍深深記得。

雖然有人會認為不管再怎麼想念，還是見不著也摸不著對方，只是在折磨自己而已，何苦呢？然而，那是他低估了愛情，低估了想念。

想念的滋味並不好受，可是心裡有人能夠想念，或是有人正想念著你，也是一件美好的事。

13_距離遠了，請盡量靠近

距離遠了，
兩顆心要盡量
靠得更近。

給物理或心理正在遠距離戀愛的你

偶爾有人會問我，相隔兩地的戀愛該怎麼維繫。這問題很難，遠距離挑戰的不只是信任與克服寂寞，也考驗著兩人面對現實問題的處理方式。彼此無法一起共享當下的喜悅、無法一起分擔內心的苦悶，只能靠著網路，卻發現那種細微的感受未必能傳達到那麼遠。

訊息也好，電話也罷，永遠無法替代一個即時的溫柔擁抱。

只是希望開心時能夠一起分享，難過時能在身邊陪伴，回到現實，卻什麼也做不到。那樣的愛是孤單的。無論你在任何地方，做著任何事情，眼前是怎樣的景色，聽到什麼樣的話語，腦海裡首先浮現的往往與他有關。科技，或許能讓距離縮短，但要克服距離，唯有堅定的愛。你得是個願意信任、耐得住寂寞、不依賴及有毅力的人，才適合談遠距離戀愛。

不能只享受愛的美好，也要連同辛苦的部分一起承擔。辛苦總會躲在美好的後頭，讓你有時候會撐不過去。就算你願意等待，願意想念，卻也害怕這份「願意」白白浪費。一旦擔心起自己的付出終將付諸流水，在愛裡便容易產生計較的心，然後越來越不快樂。

真正妨礙你們的，不是距離，而是兩人不安的心與不穩的情。

那些欲言又止的話語，傳達不到的想念，都是相隔兩地時難免會有的心情。不只是要把生活過得好，還要把各自的心照顧好，快樂是掌握在自己手上的，而不是寄望別人來為自己的悲歡負責。**把彼此放在心裡，卻不將生活寄託於對方，這樣才能走得長久。**

愛情從來都不是單方面的努力，一定得兩個人都能把對方時時刻刻放在心上。克服距離，沒有真正有效的方法，重點永遠在於彼此的心。世界上的每一種愛都有各種課題，距離只是其中之一，即使這份感情沒有距離，還是有其他要克服的部分，比方說相處。

有心，距離就不是問題；沒心，眼前都是問題。距離遠了，兩顆心要盡量靠得近。

14_不是一場比試

愛不是一場比試，
難過就說吧，
想念就表示吧，
在乎就讓對方知道吧。

#給喜歡在愛裡試探猜疑的你

不少讀者會期望我能教導該做些什麼才能擁有平順的愛，才能在愛裡不會受傷害，或是在受傷後不會感到痛。遺憾的是，我本事不濟，也沒有資格可以教任何人如何「愛」。我說過，在「愛」裡，再偉大、再聰明的人，都會變成凡人，除非是他沒有真心去愛。包括我也是。

在愛裡，我們難免憂慮、犯傻、猜疑，甚至也會有自我否定的時候。因為在乎，所以沒有安全感、患得患失、忐忑不安。有時即使明知道不該如此，卻還是無法控制內心煩亂的思緒。於是，雖然清楚那些話是火上加油，卻還是忍不住說出口，純粹是不想示弱。明知道自己無理取鬧，可就想要驗證自己在對方心中的地位。明明會想念，卻不願顯露出自己有所期盼的話語；明明是在乎，卻要表現出不以為意的模樣。在愛裡糾結，也惹人憐愛。

我們都忘了，愛不是一場比試，不必比面子，不必比地位，不必比勝負，**我們都是想要一段彼此理解、共同成長的關係，而不是彼此拉鋸、患得患失的感情。**難過就說吧，想念就表示吧，在乎就讓對方知道吧。**有時候，在一段關係裡的忍耐不是成熟，而是情緒的壓抑。**與其事後悔恨，不如將自己的感受讓對方明白。記得在愛裡隨時提醒自己。

兩個人在一起，要為對方設想，應該也要讓彼此都能保有自己。無論是過度的依賴或過度的付出，對另一個人來說，都是沉重的壓力，也容易壓垮愛的本意。我們其實不需要對方全部的愛，也不必付出全部的自己，不妨將一部分的愛給予身邊的人事物，像是家人、朋友、興趣與生活，這樣彼此才能保有自己。愛從來都不該是依附，只要兩人心裡清楚，不管日子好壞，彼此都會在。

有時，未必是對方變了，而是自己根本沒有認識對方的全部，只一味地用自身的理解與感受去看待。認識久了，自然便放鬆了，難免不再注意自己的小缺點，而這才是決定你們是否能繼續走下去的關鍵。大部分的感情都是這樣的：因為欣賞優點而在一起，因為接受缺點而能長久。

既然已經愛了，就好好去愛，即使變成笨蛋也沒關係，變得混亂也無所謂，那都是我們用心去愛、認真活過的證明。願我們都能有個人可以一起變笨、犯傻。

「想念」的微妙之處
就在於——
有時是辛苦的，
有時卻又很療癒。

#給心裡一直不確定的你

想起你是容易的，即便那麼小心翼翼；但，想你卻是不容易的，因為我們之間存有太多的不確定。

明明在乎，明明想念，卻猶豫著該不該表示。

我們似乎很容易將一段關係變得像是某種較量。必須透過各式各樣的線索來沙盤推演，判斷自己該怎麼做，或是對方可能在做什麼、還有對方為什麼這麼做。

然而，我們心裡明白，今天應該還是等不到他傳來的訊息了？即使只是一句淡若輕煙的晚安也好。但，仍忍不住去想。

原以為過一陣子就會沒事了，還是高估了自己。原來，一句久久才出現的「晚安」也能讓人開心很久很久……

撥開一層層複雜的保護，心裡要的，其實很簡單：睡時能牽著你的手，睡醒能見到你的臉，彼此不必對著手機，隔著遙遠的距離，壓抑著滿滿的思念互道晚安。

愛，
會讓人從垃圾變好；
不愛，
再好都會變垃圾。

#給一直在說服自己的你

一段理想的關係，應該是跟那個人在一起覺得很安心；**而不是為了跟他在一起，卻不斷增加內心的不安。**

相處時難免會發生不順心的事，在不影響這段感情下，可以試著磨合，可以選擇妥協。然而，當你對眼前的感情猶疑不定，對他的感覺也無法確定，這時的你，應該要認真思考目前的關係是不是自己想要的，而不是繼續說服自己一切的不安都只是暫時。

有句話是這麼說的：愛，會讓人從垃圾變好；不愛，再好都會變垃圾。

如果對方很好，你們很適合，根本不需要一直說服自己，也不必提醒自己只是暫時在適應，或許最大的原因，不是你們需要磨合，而是你擔心自己沒有在這段關係裡繼續撐下去的理由。別再消耗那珍貴的愛，誠實面對自己的感受。

一個適合你的人，不會讓你遲疑，不會讓你不安，更不會讓你傻傻的等待有一天會變好。**與其小心翼翼守護著一個人，卻被漠不經心而糟蹋了心意，不如想想該如何守護好自己對愛的初心與期望。**

願你能遇見不必再說服自己接受與等待的愛。不用說服誰，也不會委屈誰。

他的冷漠與忽略，
並不是要你再努力更多的暗示，
而是該停止這段關係的警示。

給以為要做更多的你

當兩個人變得極少交流，可能不是愛的昇華，而是不再重視。沒有相同的步調，有人終究會跟不上。當愛成為日常，應該是輕鬆自在的相處，而不是視若無睹；當愛情進化成親情，應該是對彼此更加依賴，而不是漠然置之。

你努力變成他喜歡的模樣，只要他喜歡了，你也會開心。後來你才發現，自己的改變他未必感激也未必接受，而你以為自己也會開心的，其實那只是說服自己或許假笑久了也可能成真。然而，勉強的事總是不長久，不認同的人總是難真心。兩人相處當然可以改變，可以一起變得更好，變得體貼，變得包容，變得快樂。不過也別忘了，彼此要喜歡原本的對方，而所有的改變也該讓你們更喜歡自己。

一個人如果不在意某個人事物，最常見的反應就是視若無睹、冷眼以對。**他看不見你的努力，並不是你做得不夠，而是心沒在你身上，不稀罕的東西對他來說，都顯得多餘。**

不要再去拚命改變自己、勉強自己，學會收手、踩煞車，把那些心力拿來好好照顧自己。假使在乎，一個人走得慢，另一個人也一定會調整腳步。假使重視，他也會像你一樣認真看待兩人相處的時刻。他的冷漠與忽略，並不是要你再努力更多的暗示，而是該停止的警示。不要再扭曲自己的價值觀去勉強配合，也不該繼續消耗自己。無法跟你一直走在一起的人，就不會是真正適合的人。愛不是犧牲，是給予，是獲得，是一種彼此情感的流動。

生命裡的每一段交會
都是探尋，
或許直到我們
化為塵土那日
也未必能明白吧。

給不想再愛的你

那些說著不想再愛的人，心裡通常還存在著一個不能再愛的人。

當初的奮不顧身，最終換來了粉身碎骨。心碎了，把那些散落一地的碎末拾回，是需要花一段時間的。但，你必須將心收拾好才能繼續向前。

你明白自己的無能為力，也知道一切到此為止，你不會回頭，也不期待他轉頭。你有想看的風景，他有想陪的人，你們有各自的路途要走。

我想，你並非是不想再愛了，而是不想再經歷沒有結果的愛。用盡心思、花費時間，最後只獲得事與願違；你想著與其如此，何苦把心力與時間再浪費在另一個人身上。究竟什麼才是美好的結果？結婚？成家？生子？在我看來，生命裡的每一段交會都是探尋，或許直到我們化為塵土那日也未必能明白吧。

把自己放在不期待也不回應的中立狀態，你認為是自我保護，在別人眼中更像是自我懲罰。

既然不期待他回來，不如將心收拾好，也該好好地往前。**我們可以不期待那個人，但可以期待愛。**你可以說找不到真正想愛的人，但別封閉自己的心，成為一個想愛卻不敢再愛的人。

19_別再是朋友

再見後，
就再也不相見。
不是對自己殘忍，
而是該留給自己的
溫柔。

給妄想還以為是朋友的你

有時，一段關係的終結，就是完完全全的結束。不是從原本的關係轉換成另一種關係，也不會有暫時停滯的狀態，而是像關上門，從此兩人分處在不同世界。

當他已經不再愛你時，即使出現在同一個空間，就算你沒打擾他，他都覺得你無事生非，刻意讓彼此難堪。或許你還想繼續當朋友，是因為當初是從「朋友」開始，至少最後還能回保有這段友情。然而，從他那刻薄冷酷的態度，最好的結果是連朋友都不是，若要強留，只剩越來越多的不堪。

他口中的「做朋友就好」，只是給彼此臺階的說法，他根本沒認真思考過自己是否還能維持朋友的關係。

再見後，就再也不相見。不是對自己殘忍，而是該留給自己的溫柔。我相信你並不缺一個連處在相同空間都覺得尷尬的朋友。

20_適合，不適合

重點不在於「適合」，
而是如何面對
彼此的「不適合」，
接受對方的原本模樣，
然後一起慢慢磨合。

給在適合與不合適之間擺盪的你

剛認識時的禮尚往來、投其所好，不是虛假，也不是奉承，那是我們待人接物的禮儀，也代表著對於一份感情的尊重。

不過，我們想談的是適合自己的戀愛，不用刻意隱藏自己的真實想法、喜惡與習慣，不要一味地迎合對方。更不該明明發現彼此不合適，還說服自己那些不適合都只是暫時，總有一天會好的。

無法接納對方與自己的差異，那不是背叛，而是願意誠實面對內心真正的感受。為了不想孤單一人，因為害怕面對分離，就讓自己降心相從，並不會帶來美好的感情，只會是一連串的折磨。認清彼此的差異，接受自己不被對方喜歡，在傷心流淚過後，我們還可以再回去原本的生活。

假使你繼續欺騙自己，選擇自輕自賤，這才是最大的痛苦所在。

發現不合適，寧可在一開始就結束，無論是自己選擇或是不被接受，短暫的痛遠比之後才遍體鱗傷的折磨更容易痊癒。

感情的結束，不是你不好，也不代表你的人生失敗了，只是離開一段不適合自己的感情。寧願在短暫的時間裡學會錯在哪裡，也不要明知對方不喜歡自己，還在這段關係裡歹戲拖棚。

所謂的變好，不見得是在圓滿的愛情裡，儘管最後不得不分開了，仍能替自己留下一些值得收藏的印記。

讓我們變得更好的，不會是遺忘，而是記得。記得那些美好，記得那些痛苦，記得那些錯誤。

或許我們一直搞錯了，重點不在於「適合」，而是如何面對彼此的「不適合」，接受對方的原本模樣，然後一起慢慢磨合。

我們都不是最好的人，但如果能相互引導、激勵與溝通，一起晉升成更好的兩個人。偶爾會有步伐不同的時候，可是走得快的人願意緩下腳步，等著對方；走得慢的那人，也願意加快速度，努力跟上。

總之，如果明白這份感情是值得努力的，就不要輕易放開彼此。無論是平淡無奇的日常，或是突如其來的無常，都能夠一起學習面對，然後解決它。

願你能夠遇見即使看到你最糟糕、最不堪的模樣，卻仍然溫柔接受你的人。然後，就算你們不清楚那些人生問題的答案是什麼，他還是會陪著你一一探索。

無論談過幾次戀愛、
愛過幾個人，
怎麼都無法熟能生巧，
因為每段關係
對任何人來說，
都是全新的開始。

給對等待感到質疑的你

無論你是單純找話題或是真心話，都請別對單身的親友說「不要太挑」。畢竟我們連買件衣服都會挑了，更何況是相知相守的對象，當然更該好好的挑。

談戀愛是正經的事，從來都不該為了想趕緊有個伴而勉強將就，也絕不會只為了有人陪伴而委屈自己。

人生總有數不清的相遇，卻很難發生一次動人的開始。假如我們只是要找個陪伴的人，不必花費太多心思；最困難在於要找的那個人，是要有默契、願意理解你，並且是認真想陪你一直走下去。那樣的人絕對值得慢慢等待，可能會花費不少時間也沒關係，就讓自己在這段時間裡變得更好，給那個人一個驚喜，讓他無法錯過。

很多人決定在一起，不是因為喜歡兩個人的相處，而是因為害怕一個人的孤獨。這樣的結合註定會帶來更多的空虛、與更深的寂寞，進而慢慢消磨自己對愛的想望。自己的生活，由自己負責，而不是想依靠著誰來扛。

為什麼我們應該把日子過好、把自己照顧好？因為你也會希望將來的那個人一個人也過得好，而不是冀望你來改變他的生活，那是逃避，不是真正的愛。**一個人也過得好，而不是冀望你來改變他的生活，那是逃避，不是真正的愛。我相信能將自己照顧好的人，才值得被青睞。**

無論談過幾次戀愛、愛過幾個人，怎麼都無法熟能生巧，那是正常的，因為每段關係對任何人來說都是全新的開始，過程中產生的問題都將因人而異。至少我們明白了，戀愛是一個人努力不來的，需要的是兩個人的情意與共識。在愛到來之前，我們能努力的，就是讓自己過得自在，不被寂寞打敗，不因時間而著急。

一定有人能夠看穿你的逞強，給你溫暖，給你依靠。希望你能夠遇到理解你的人，懂你悲喜，懂你冷暖。因為這個人的出現，你才能體會到所有的等待、寂寞都是值得的經歷。

接納
才是最好的溫柔，
不論是接納一個人的
出現與離去，
還是接納自己的
矛盾與脆弱。

給想要再次勇敢的你

很多人不相信你單身，或許就連你自己也不太相信。

你清楚自己為什麼不能再輕易地談一場戀愛。因為過去的經歷讓你明白原來愛不是熟能生巧，每一段感情都是新的開始，不是把自己的心複製貼上就好。那些重新適應、理解與包容的過程並不容易，更怕的是，那些過程到最後又成了白費力氣，讓你無法泰然自若地再把心交出去給另一個人。

我想，你之所以**很難再接受另一個人，是怕要忘掉一個人更難。**

然而，遺忘本身就是難以做到的，對於那些過往，我們能做的，往往只是放下罷了。讓你對愛裹足不前，不是因為那段放不下的感情，而是捨不得那個曾經不顧一切的自己。

你還是渴望被愛、被理解，就算把心隱藏得很好，還是希望能有個人把它找出來。即使一個人能過得很好，還是盼著與另一個人共享生活的美好。而你只是暫時還沒遇見那個人而已。

對於人生而言，接納才是最好的溫柔，不論是接納一個人的出現與離去，還是接納自己的矛盾與脆弱。愛不容易，卻也沒想像中那麼困難，願我們都能在愛裡勇敢，勇敢示愛，勇敢接受，勇敢承擔。

23_結婚不是交由別人決定的

不管有沒有對的人，
沒有對的自己
都是枉然。

#給一直被親朋好友催婚的你

你是否常被人說：「差不多該結婚了吧？」為什麼「該」結婚了？這不應由年紀來判斷，更不會是讓外人來建議，這個「該」是談感情的兩個人，確認彼此的心態與意願才能決定。

如果有人對你說「差不多該結婚了吧？」我想多數人都只是隨口問問，根本不必在意。反正話題結束後，大家都忘了剛剛聊了什麼，下一次的話題可能又依舊是有沒有對象？什麼時候要結婚？假使你已經結婚，話題又會變成何時要生小孩⋯⋯，永遠都有各種問題來扣門我們的私領域。

對單身的人來說，找到伴應該不難，難的是要找一個不是將就的伴。你能不能找到另一半，並不在於你的條件是否達標，重要的是，你有沒有機會遇到一個人，並且對他的感覺很好。

無論你是單身很久，或是離開一段感情不久。請提醒自己，沒有伴只是一種生活狀態，不是錯，更不是罪，不必自卑，也不必沮喪。與其身處在一段糟糕的關係，不如保持一個人的舒適與自在。

婚姻應該不是年紀到了、親友在等了，或面子掛不住了，而是你們兩個人真心想要走進另一個階段。但話說回來，如果兩人真心想要走下去，沒打算生小孩、是否要結婚，那也不是重點。 結婚，只是彼此在法律上的約定，從來不是決定你是否會幸福的關鍵。

只有該結婚的感情，沒有該結婚的年齡。真心相愛的兩個人，不會輸給距離，不會輸給條件，不會輸給誘惑，不會輸給流言蜚語，只會敗在不珍惜與不信任。願你身邊有一個能共度餘生的人，那個人讓你相信愛情，讓你成為人生中最美好的模樣。

愛裡難免有稜有角，找對了人，便願意慢慢將尖角磨圓，因為你明白這個動作並不是將就，而是願意契合對方稜角來守護的關係。

如果有天你想結婚了，不是家人在催，也不是因為年紀到了，更不是為了逃離孤單，而是因為你找到一個真心想要攜手共度一生的人。假如一時還沒出現感覺對的人，與其不斷對另一個人翻白眼，不如先一個人自在點。你終將明白，不管有沒有對的人，沒有對的自己都是枉然。

青春，
是由愛組成的。

給正值青春年華的你

某一天搭捷運時，車廂內有一對年輕男女正嬉鬧著。

「你很臭，走開啦！」女孩作勢要推開男孩。

「妳捨得嗎？妳捨得嗎？妳捨得嗎？」男孩耍賴地繼續將上半身靠向女孩。

「吼！你很討厭耶！」女孩一邊抱怨著，一邊用手擋著他，臉上卻忍不住漾出幸福的甜笑。

無論我們怎麼努力與他人保持距離，依然會有失守的一天。因為這個世界上總會有個人出現，讓你乖乖交出自己的心，隨著他開心、也傷心。

能夠愛，多麼美好。或許會心碎，也沒關係，碎片可以慢慢撿回來。你比你自己以為的還要耐疼。

願你好好珍惜心裡那份單純的喜歡。

Chapter 04

給扮演不同角色的你

在別人的世界裡，
我們就像雜草般不重要；
但在你的主場裡，
自己永遠是閃亮的主角。

給忘了溫柔待己的你

你說這個世界過於功利，大家只在意考試成績、學校順位、金錢地位，沒人關心你真正想要的是什麼，對於這樣的冷漠與現實感到無奈。

好像大家都只在乎你賺錢多不多，職位高不高；沒人在乎你過得好不好。既然你感覺自己不被在乎，又何苦要在乎他們呢？這個世界所認同的價值，我們未必非得遵循，最重要的是，找到真正想追尋的目標，並且有決心踏上自己想走的路。

與其在意他人的眼光與關愛，不如好好過自己的生活，做好自己份內的事，思索未來，培養專業。覺得沒人在乎你過得好不好，那就想辦法讓自己過得好，那些人沒有義務要插手我們的生活。在別人的世界裡，我們就像雜草般不重要；可是在你的主場裡，自己永遠是閃亮的主角。

若身邊有個人能願意關心你的感受、傾聽你的煩惱，那是難能可貴的。**生命中最值得欣慰的，莫過於在低潮時有幾個可以傾訴的人，哪怕是你的沉默，他也能靜靜解讀。**

溫柔的人並沒有我們想像那麼多，只是他們願意待你溫柔而已。想要找一個能溫柔待己的人並不容易，卻也很正常。即使如此，那也無所謂，只要你能夠溫柔待己。

這個世上
不會只有單一的
目標與做法，
還有你想像不到的
多元選擇與價值。

給無時無刻想滿足別人的你

似乎有不少人做事、下決定的原因，都是為了符合身旁的人對自己的期待。可能是父母、師長，也許是家人、情人，或許是朋友、同事。想滿足他人的期待，並沒有錯，那也是一種自我成長的激勵。前提是那份期待是否與自己內心的想望相符？如果答案是否定的，過程肯定不開心，結果也會差強人意。

假使真的無法符合他人的期待時，問題不在你，但我也想問問你，別人的期待你為何非得要配合呢？人生已經夠辛苦，光要滿足自己都不簡單了，還要滿足他人的期待，難怪生活充滿了壓力與無奈。

我們總以為某些人對自己很重要，不過，他們再怎麼重要也比不上你自己最重要。並不是多數人所做的、達到的，我們也必須跟著完成。這個世上不會只有多數人遵循的目標與做法，還有你想像不到的多元選擇與價值。

我們的經驗當然有其價值，但並不表示套用在他人身上也會得到相同結果。有時候「期待」這件事，可以給人進步的動力，但不代表別人不能在中途改變自己的方向與目標。**請小心，有時自以為的關愛與教導，對方感受到的卻是勒索與束縛。**

萬一做不到他人的要求，有很多人會自責、自卑與自慚。那是因為大多數的人不擅長表達憤怒與不滿，於是指責自己是最簡單、最安全的。然而，真正的問題並不全在自己身上。

看似平凡的生活，早已用盡心力，想要好好度日已經不易，就別再想要面面俱到了吧。請記得，我們不是無所不能，只是總有無能為力的時候。

我們的標準不是由別人來定，只要讓今天的自己與昨天的自己相比。

人生是你的，總要思考哪條路最適合自己。別人希望你做到的事，在此之前先問問自己，對身邊的人是否有助益？有沒有讓自己更進步？是不是符合自己的價值觀？

任誰都有缺點，也會有做不到的事情，你不必因此討厭自己，也沒有必要太難過。更**不要去盲目尋找那些不適合你的，你努力迎合，未必會被接受，就算掩飾得再好，還是會被看穿。試著接受自己的缺點與不足，至少它讓你看清什麼人才是真正接納你的人。**接受自己，別人自然也會尊重你，最重要的是，你也清楚自己有哪些值得被喜歡的地方。

一個人的成功，
並不是越來越像
別人期望的樣子，
而是越來越像自己。

#給不喜歡自己的人

你以為自己夠堅強，結果發現打倒你的都是尋常小事。或許你會自責經不起考驗，但說不定那是因為急於成為心目中的自己，或是別人期待的你，而給予自己過高的標準。別急，任何人都有脆弱的時候，請先好好照顧自己，一點一滴，你會慢慢形塑出自己該有的模樣。

現在的你，是累積了過去所做的每次選擇、受到的每次挫折，以及每一場遇見，在你的潛意識產生作用，也開拓出屬於自己的人生道路。但，未來的你又會走向什麼樣的路，想法又會出現何種轉變，都要看接下來的境遇會如何。

也許你還沒有成為自己想像中的模樣，還在以某個人的成就當做目標前進著，或是正以成為某個人理想中的模樣而努力。但，一個人的成功，不是越來越像某個人，也不是越來越像別人期望的樣子，而是越來越像自己。

我們生下來，是要體會世界的甘苦、追尋生命的本質，而不是被生來為了考試第一名，也不是要得到萬人擁戴，更不是賺得家財萬貫。如果你想體會的、想追尋的，是煮出讓很多人感到幸福的料理，還是做出美麗又實用的生活用品，或是想要讓流浪的人能夠有地方好好睡覺，不必管旁人怎麼說，就盡量朝著自己想要的目標努力。

人並非奉行一種價值才能生存，我們該明白自己想要的，才能找到真正存在的價值。成就與財富，往往是實踐自我理想而來的附加價值。

不論是學業、工作，還是人與人之間的關係，所謂的成功或是理想生活，並不是複製另一個人的成就，也不是非得達到多少數字的目標，而是能夠做一個自己會認同、會喜歡的人。

時間是不會停留的，今天過去了，就是昨天了，不會再回來了。如果可以的話，盡量以自己喜歡的模樣過日子。

但願你體會過
人情的冷暖，
依然有
擁抱世界的勇敢。

給怕傷害所以拒人於外的你

我知道，有些人故作冷漠的姿態，並不是真正想要拒人在門外，只是避免自己再被傷害。

但，**別人如何對待你，並非因為你是什麼樣的人，而是反映了對方是什麼樣的人**。

一個人擁有黑暗的心，就只會想像他人的黑暗，做黑暗的事情。而更黑暗的心，甚至把別人的光明也視為黑暗。假如對方有黑暗的心，為何要隨著他的話語進入那晦暗。你不必懷疑自己，也不必懲罰自己。

或許曾經遍體鱗傷，也許懷抱著遺憾感慨。但，那些都過去了，每一次受傷，就像是上了一堂讓自己變得更好的練習課。我始終相信溫暖的人終會得到溫暖。拒人門外並不是自我保護，凡事小心、輕放，終會沒事的。

這世界還有很多值得我們用心的人事物，一個不被善待的人，最能識別善良，也最珍惜善良。但願你體會過人情的冷暖，依然有擁抱世界的勇敢。請時時刻刻提醒自己，善待身邊值得被善待的人。

即使被可怕的惡魔攻擊了，記得提醒自己，不要選擇也成為惡魔，讓愛與善永遠在自己的心中。

或許，我們的力量無法改變全世界，至少可以建構出自己內心裡那個美好的世界。

任何事情都像是
一條拋物線，
慢慢上升到頂點之後
又慢慢掉落。
有高點，就會出現低點。

給疲於面對大風大浪的你

任誰都有自己的難題需要解決，可能無法對人說出口，也不想將難題轉嫁給其他人。需要解決的難題如影隨行，陪著我們刷牙洗臉，跟著我們出門上學或工作，然後再跟著我們晚上回家。而那種無助，那種害怕，就像是自己在峭壁走獨木橋，沒有防護網，沒有保命繩，而身邊的人卻還認為你有能力可以丟繩索救人。

應該不少人曾自怨自艾，為何自己總是遭遇這麼多煩心事？為何別人製造這麼多問題？為何生活無法平靜無波地度過？

過去的我，多少也會抱持著埋怨的心情來看待眼前的事物，直到年歲長了、頭髮少了，經歷也多了，才理解到人人不會同調、事事不會如意。

任何事情都像是一條拋物線，慢慢上升到頂點之後又慢慢掉落，有高點，就會出現低點。在高點時，就先設想好之後的落下；在低點時，給自己信心，再過一陣子，下一條拋物線又會向上飛出。

生活不會一直風平浪靜，可能是糟糕的人在興風作浪，甚至是我們不知好歹、自找麻煩。原以為已經從一個大浪中逃離，沒想到另一個浪頭已經直逼眼前，唯有頭一低，人就進去浪裡了。**面對那些大浪難題，不是只要保持正確的心態就沒事，而是提醒自己要提升能力，不論是處理事情的功力，還是經濟上**

的實力，不能空有面對巨浪的決心，也要培養撐過困境的能力。

曾看過一段話：「世間不會有單純的快樂，快樂總夾雜著煩惱和憂慮，但世間也沒有永遠。」涵義看似悲觀卻接近現實。我們的生活確實不可能只存在著快樂，偶爾會出現一些傷心、煩心或憂心的事情，那是避免不了的課題。換另一個角度想，人生只有單純的快樂，那就是真正的快樂嗎？但如果沒有悲傷、煩惱與憂慮的襯托，或許真正的快樂就不存在。

沒有對照與比較，沒有經歷與體會，說不定我們根本感受不到真正的快樂與幸福。

不如就像勇者鬥惡龍那樣，一一解決各式各樣的難題，過程中可能會發生意想不到的趣事，也會有愛與溫暖，這就是讓我覺得活著真好的原因啊！

不要急著
教導別人什麼，
人們通常需要的是
自我摸索與適時關心
而已。

給總以為是替別人著想的你

口直心快的正面詞，是不掩飾、不做作。但，總是有些人展現的「直率」卻走味，看到別人用什麼，就說還有其他更厲害的；看到別人玩什麼，就說還有其他更有趣的；看到別人吃什麼，就說還有其他更美味的。聽起來不像是直率，反而散發著濃烈的酸葡萄味。這樣未經過修飾後表達自以為高人一等的想法，根本是一個不成熟的壞習慣。

直率坦誠，並不會傷人，除非是他們忘了同理心。有些人說自己不做作，可是給人的感覺卻是不識相；有些人說自己坦率，但講出來的話除了傷人還是傷人。**坦誠並非說話不修飾，說出口的話應該要懂得斟酌，而且要考量對方的感受，坦誠的話裡，必定要有真誠的心意才算數。**

其實，有些人把「直率」曲解了。當他們過得不如己意，不是努力讓自己過得好，而是希望別人也一起過得不好。於是，總愛對別人喜歡的事物或願望潑冷水，我想可能是他們的人生只剩下無趣與失望了吧？與其浪費時間對別人的事情說三道四，為什麼不拿來豐富自己的人生。當我們在努力照顧自己時，發現時間根本不夠用，心力都快用盡了，他們竟然還有時間與心力批評別人？

或許有些人會覺得自己是真心出於好意，想要對方改變，期望他可以更好。但，我們不要急著教導別人什麼，人們通常需要的是自我摸索與適時關心而已。大部分的人都一樣，安慰別人或是建議別人時可以絮絮不休、頭頭是道；等到自己遇上了，還是會不知所措、心煩意亂，並沒有比較高明。如果你認為自己的批評是好意、建議是鼓勵，可是到了對方的耳裡，卻盡是不舒服感，也不會有任何改善。

有時，我們不期望過多的話語，需要的只是靜靜的陪伴。

願我們都是能給予他人信心與溫暖的人。
萬一你真的做不到溫柔待人，至少可以做到少管閒事吧？

即使被某些人討厭了，
世界並沒有崩潰，
生活上也沒有巨大的影響。

給想要拉近朋友距離的你

「我會盡量對人保持友善，至於誰喜不喜歡我，與我無關。」這是我對朋友說過的話，也算是總結自己對於人際關係與社交互動的態度。

「關係」是兩者之間相互影響、相互聯繫的狀態；而「互動」則是兩者之間在信息、感情上有所交流。萬一有個人不想與你有聯繫，在情感上不想與你有交流，那該怎麼辦？或許有人會主動與對方聯繫，想方設法去與之交流、往來，這是面對問題的積極處理方式，我也覺得蠻好的，但我好奇這樣主動積極交流的結果，彼此關係變得親近、緊密的機率有多高？

假使我不想與某個人有往來，或是我不喜歡某個人的情形時，而那個人卻不時利用機會接近我，不斷地嘗試與我互動，反而是一種令人反感的打擾。讓我更容易產生抗拒與厭惡感，只會將兩人的距離越推越遠。

以前的我也會特別在意人際關係，希望自己能被人接受、被人喜歡，因而不惜違背自己的個性與感受來迎合別人，自以為這樣才是成熟。事實上，戴著面具度日，令人又累又不開心，就算別人因此喜歡上自己，我卻越來越討厭自己了。

年紀漸長後，我發現**即使被某些人討厭，世界並沒有因此崩潰，生活上也沒有巨大的影響，雖然會出現一時的心煩，不過，很快就像浮雲朝露般沒留下痕跡。日子還是如常地過。**

不必刻意強求與誰建立關係，若為了討好對方而過分壓抑自己的感受，是一種鄉愿。拼命去討好，努力去迎合，人家未必會接受，說不定還會感覺被打擾、被侵犯，這樣對人對己都受傷，只會心更累。

我認為的成熟，就是認真處理該做好的事，友善對待身邊的人，至於別人喜不喜歡我，無法控制，也與我無關。但我會盡量喜歡自己，也盡量讓自己值得被喜歡。

一件事
過去就過去了，
人家根本沒在意，
沒放在眼裡。

給被批評與稱讚擊垮的你

你是否與同儕相處時經常倍感壓力？我能理解那種感受。有時，那個壓力是來自於不協調，比方說，只想耍廢的人卻遇上積極有衝勁的人，內向寡言的人遇上熱情活潑的人，或者是隨性自在的人遇上嚴謹守序的人。真的很要命。

有時，我們會不自覺地想要跟多數人一樣，因為那樣會帶來安全感，獲得認同。可是，觀察那些比較成功或過得比較自在的人，他們明白人是不可能一樣的，每個人的才能與缺點不同，從不會渴望自己與其他人相同，反而會懂得突顯自己的優勢，不在意他人怎麼看待自己的缺點與不同。請記得，**你本來就與眾不同，也要理解他人的不同。**

不必刻意扭曲自己的本性去融入他人，帶著善意待人即可，對於一時相處上的不適，試著一笑置之。

至於那些別人的批評與稱讚就淡然以對，不必放在心上。通常**人們的批評都是因為情緒、因為不理解，那是沒經過理性思考後的反應。只要了解每個人的邏輯與想法都是不同的，有人誤會自己或看不慣自己也是正常，就不會讓那些批評與誤解左右自己情緒太久。**

相對地，通常人們的稱讚也未必經過思考的，也可能是客套話。若有幸得到他人的讚賞，也要禮貌地表達感謝即可。

如果容易把別人的稱讚當成一回事，那麼，也很輕易將別人的中傷當成一回事，慢慢地，你會生活在別人的評價裡，時好時壞的起伏，沒了自己。

不要一直以為別人看輕你或在意你。有時，一件事過去就過去了，人家根本不在意，大部分的人眼裡通常只有自己，因此，無論好話與壞話聽聽就好。

人生本來就是有甜有苦，
我們能做的，
就是今天來什麼菜，
就吃什麼菜，
好好品嘗生命的況味。

#給忍不住就怨天怨地的你

有些人整天抱怨，不代表他的處境比較糟、挫折比較多，很可能是他的抗壓性不好、單純愛計較。更多人是不埋怨、認真做事，卻不代表他的處境比較順遂，只是他懂得調整心態去面對，清楚再多的抱怨，也改變不了現況。很多事不能光看表面去評斷，你以為他過得比較好，說不定人家認為你比較好。

老是認為自己過得不好的人，是因為他總在那小小的不如意裡鑽牛角尖，使得糟糕的情緒、厭惡的想法在心裡無限迴圈。如果你一直在跟人抱怨，大家所收到的訊息就是：你不只是自己不想前進，還想拖著旁人無法前進，讓大家一起退步。

偶爾對人訴苦、抱怨，求得一點發洩與一些溫暖並無妨。若總是在散佈負面情緒與想法，只會讓身邊人對你避而遠之。

試著在生活中多用「還好」或「至少」二詞，它可能是面對煩心事的轉念關鍵字，例如告訴自己「還好」還有微笑的力氣，或是「至少」自己有機會可以試試。讓心情多了改變的機會，也比較懂得看淡與感謝。不管是愉快，還是煩悶；不論被人喜歡，還是被人討厭，太陽依然從地平線升起，你依然是你。你再優秀，總有人視為一文不值；你再差勁，總有人視為珍寶。不如改變觀看事情的視角，讓自己更輕鬆。

人生本來就是有甜有苦，悲傷會來，快樂也會來，我們能做的，就是今天來什麼菜，就吃什麼菜，好好品嘗生命的況味。**人生既是一場修行，也是一趟旅行，難免有苦，時而有樂，不妨且行且學習，慢慢成長，好好感受。**

不是每個願意接受
你情緒與心事的人
都是應該的，
記得要好好表達
你的感謝。

給時常向朋友傾訴煩惱的你

我們被社會訓練成凡事盡量不動聲色，對人盡量不傷和氣。可是任何人都有苦悶、煩惱或傷心的時候，然而，或許是擔心打擾，也許是害怕被誤會，可能是不夠信任，因此總是無法直截了當表達自己的感受，顧慮對方的看法，懼怕被人討厭，只好將真正的情緒與感受藏在笑容裡。

若一直把不堪與不悅往心裡囤，總有崩塌的時刻。如果你有一個能讓自己傾洩情緒的「垃圾桶」，那是讓人羨慕的，也極其幸運。我很佩服可以承接他人負面情緒的朋友，因為他必須應付完自己的生活鳥事後，還能接納他人的垃圾事，根本擁有像大海般的胸襟。

假使有人可以讓自己坦率說出內心的想法，讓你知道即使說錯了，他也會體諒，就算那些煩惱只是日常小事，他也毫不在意，願意分擔你的心事，不做多餘的評論，只在你需要時給予意見，那是不可多得的幸運，只有對真正重視的人才能如此包容。**不是每個願意接受你情緒與心事的人都是應該的，記得要好好表達你的感謝，並且好好珍惜身邊這些得來不易的人們。**

在你哭得最慘烈的時候，有他陪著。在你內心最無助的時候，有他挺著。請記得，好好對他說：有你在真好，因為有你，讓我相信這世上還有溫暖，原來身邊還有人可以依賴。有個能讓自己坦率直言的人真好。

11_只是簡單的「辛苦了」

辛苦了。
是體恤，是尊重，
也是一種溫柔。
要記得對人說，
也要記得對自己說。

給對別人的慰問想太多的你

曾經有人告訴我「辛苦了」這句話聽起來像是感謝與慰問，卻暗藏著上對下、長對幼的階級感。因此，當他聽到別人說「辛苦了」，心裡反而會有些不舒服。我這才驚覺自己時常對周遭的人表示的體貼，即使是好意，說不定會讓人感到高傲與惡意。

原來有些人的心思是如此脆弱、敏感，脆弱到對於別人的體貼也會解讀為是在看輕自己，敏感到對於他人的安慰會想像成是施捨的話語。生活已經夠累人，世界已經夠複雜，如果我們連表示感謝與慰問，還要擔心對方的情緒與感受，會不會太可悲？會不會太難為了？

我想，會對人說「辛苦了」的你，根本不是思忖著該怎麼貶低對方，也不是想要表現出自己的高高在上的姿態，而是真的感受到對方的辛苦，或勞累，或用心，因自己無法幫上忙或不該插手，只能透過言語來表示慰問。

願你能坦然接受他人的感謝，欣然接受他人的慰問，不必思考背後的意義，何苦把自己的心情弄得更混亂。對方沒那個意思，自己卻在心裡演了好幾遍，得不償失。**提醒自己，你值得受到別人的感謝與慰問，這麼想就好。**

辛苦了。是體恤，是尊重，也是一種溫柔。要記得對人說，也要記得對自己說。

12_不是自己的錯

照顧好自己
與做好自己的事，
就是一種體貼。

給別將他人的淡漠視為自己的錯的你

他問，你怎麼不跟他說。其實你並沒有不想說，只是不覺得他們會想聽，而且也未必能理解自己的心情。

他問，你怎麼習慣獨來獨往。其實你也不是不想靠近，而是擔心靠近之後，發現他們真的不喜歡你。

他可能不明白，人與人之間存在著難以細說的微妙，該不該示好，能不能打擾，要不要關心，其實很難拿捏。因此，難免可能感覺付出的用心被人輕視了，給出去的好意被人糟蹋了。那些不被人接受或體會的心意，就不算是善意，反而變成他人的困擾。然而，你沒有錯，只是你的心意不巧給了不懂的人，你的體貼不在對的時間出現。別因為對方的漠視、嫌棄而怪罪自己，只要記得不必事事都要關心與付出，懂得量力而為，適可而止就好。

至於自己的心意沒被接受，不必埋怨。每個人都有自身的問題，所以才會無暇顧及其他人的心情。**沒接受不一定是討厭，沒關心不一定是想疏遠，或許是大家都忙著照顧自己受創的心。**

照顧好自己與做好自己的事，就是一種體貼。每個人都有自己該做的功課，每個人也都有自己才能體會的日常。**我們最容易做到的，就是不造成別人的困擾，也盡量不打擾。**不是冷漠，不是放棄，只是要讓他明白，如果他需要，我們一定會在，這樣就足夠了。

13_感謝有人喜歡我

因為你們，
我才開始懂得喜歡
自己。

給記得表達他人的感謝的你

我喜歡我的孤僻、冷靜和難搞，也喜歡觀察公車與捷運上的乘客，以及街上往來的行人。

而且，很喜歡下雨天的聲響，書的氣味，貓的姿態，喜歡善良又帶著一點古怪的女孩。這些都喜歡，非常非常喜歡。

然後，還喜歡冷到需要開暖爐的冬日，手沖咖啡的過程也喜歡，也喜歡待在家一整天無所事事。

感謝有人喜歡這樣子的我。**雖然不清楚自己到底哪裡值得被人喜歡，因此，只要知道有人喜歡我，關心我，幫助我，心裡總是充滿著感謝。**

謝謝你喜歡我。

謝謝每個在乎我的朋友。

謝謝每個願意在我身邊的人。

因為你們，我才開始懂得喜歡自己。

對了，**我喜歡你，喜歡喜歡我的你，你也要開始喜歡自己。**

社交這件事勞心傷神，
不要只在乎
別人的心情，
只求待人和善客氣，
凡事點到為止。

給苦於應付他人的你

我們都是溫柔的人，面對生活的繁忙，偶爾會讓人心生厭倦，也會擔心自己的情緒是否造成了他人困擾，招致對方的討厭。

在意他人的感受，是我們懂得去體恤，難免會感到累了、乏了。但，盡量不造成他人的困擾，我認為是待人處事的基本原則。在他人面前，至少那些連自己不能接受的言行就不該展露出來。

假使真的惹人討厭了，有時無關你的作為，更多是我們做得再體貼、再友善，仍會引來對方的嫌惡，我想，那應該是兩個人在個性、習慣、做事或溝通上的不合拍。

有人是從認識後就了解彼此不合，也有人是原本要好卻為了某個原因而有了距離。或許曾經你以為和某個人可以一直那麼好下去，也許你曾經以為勉強配合他們就會被接受了，可能你曾經以為把心交出去，對方也會好好對待。

到了後來，你終於明白了，與其等待別人對你好，不如你來摸索怎麼樣對自己最好。

沒有人真正喜歡孤單，只是更不喜歡失望與迎合而已。如果不適合，還硬要自己去配合，那是自己找罪受。

長袖善舞很難，至少我們可以做到識趣厚道。覺得社交這件事勞心傷神，不要只在乎別人的心情，只求待人和善客氣，凡事點到為止。**雖然做不了受歡迎的人，只求做個善良自愛的人。**

我相信，總會有人喜歡你現在的模樣，不用再努力，不用再偽裝，也不再尷尬對著人笑。能夠好好在一起的人，即使什麼都不做，也從來不會感到無聊；即使說錯了什麼，也能彼此諒解。在真正在乎你的人面前，不用太過努力、逞強，因為他們會接受你最原始的模樣。

成長，
永遠不是件輕鬆的事，
假使有人相伴，
面對這個世界就沒那麼辛苦。

#給好好珍惜身旁好友的你

有天在捷運上聽著三個女孩在聊天，應該是高中生。我不是刻意要偷聽，實在是她們聊得太忘我，整個車廂的乘客都知道她們談論的是彼此心儀對象。後來話題急轉直下，變成其中一個女生的告白經過。

「我今天跟體育老師說我喜歡他了！」其中一個女生開心地說。

「咦～」另外兩個女生同時發出驚嘆與興奮的語調。

「真假！？妳怎麼現在才說！」

「快跟我們說，妳是怎麼告訴老師的？」

「體育課下課時，我就衝過去直接跟他說：『我好喜歡老師』還請他親我一下！好害羞哦！」

「咦！？」女生又同時發出驚嘆與興奮的語調。老實說，我內心也發出跟兩個女生一樣的聲音。

「妳們想哪去啦！我拿我和老師的合照給他簽名，請他在照片親一下啦，今天是老師教我們的最後一堂課了。」接著告白的女生拿出照片給其他兩人看，「妳們看，老師還有寫祝福的話給我！」

「『學業順利』『心想事成』，好老套哦！」

「妳下次不要再做這麼白痴的事了啦！」

「哪有白痴？我是直球對決啊！」告白的女生大聲回答。

「妳這樣會嚇到老師吧？」

「才沒有，老師很開心，不過他最後沒有親，可惜。」

「廢話，這麼莫名其妙的事，他怎麼可能會親！」同學一定翻了白眼。

我想，那時全車廂的人都鬆了一口氣，我們並不是聽到了什麼禁忌的師生戀，而是一件可愛單純的青春情事。

遇見高中生的日常，讓我突然發覺，好像年紀越來越大，敢做的事、敢說的話、還有敢愛的人都變得越來越少。我明白，青春當然存在著許多苦惱，但大抵是美好的，如果可以，請好好把握那段時光。

還有，如果身邊有一個人經常嫌你煩、糾正你，那是一個值得你好好維繫關係的人。會在你做錯事的時候不厭其煩地念你，會在你做蠢事的時候眉開眼笑，會在你遇到爛事的時候陪你狂罵。如果有這樣一個人在身邊接受你，記得好好珍惜。

成長，永遠不是輕鬆的事，假使有人相伴，就會讓你面對這個世界沒那麼辛苦。

我們總以為
自己爭的是事情，
但往往受傷的
是彼此的感情。

給喜歡爭出一個結論的你

我們經常會花費許多時間和精神，在意勝負與顏面，試圖改變別人的意見，或是想要決定事情走向，往往結果事與願違，還讓自己身心俱疲，甚至情緒失控。就算稱了自己的意，通常也只是表面贏了，背後可能輸得更多，比方說信任，比方說感情。

我想到朋友分享的一則小故事——

有一對情侶坐捷運去遊樂園玩。到站後，兩人為了走哪個出口起了爭執。
女生說：「是2號出口！」
男生說：「不，明明就是1號出口！」
兩人僵持不下，於是男生走至前方不遠的服務台詢問。
男生問服務台阿姨：「請問遊樂園該走幾號出口？明明就是1號，可是我女朋友堅持是2號！」
只見服務台阿姨緩緩抬起頭，語重心長地對男生說：「如果想要去遊樂園，走1號。如果想要女朋友，走2號。」

許多時候，我們總以為自己爭的是事情的對錯，卻往往傷害了彼此的感情。雖然故事講的是情侶之間，但我想任何關係都是一樣的，為了舉無輕重的事情，傷了不可或缺的感情，實在很不值。假使結果並不是那麼重要，何苦爭得面紅耳赤，不如退一步海闊天空，讓雙方都有好心情。

或許，有人不能認同明明自己是正確的卻不能堅持。**對的事當然值得堅持，可是凡事都該衡量輕重緩急，為人處事還是要顧及人情世故，願意體諒別人的錯誤，願意在乎彼此的關係，那是一種體貼。我們不是認輸，只是比起面子，更在意對方的感受與雙方的感情。**

我們無法改變對方的態度與決定，不過，至少有能力改變自己面對那些小事的看法與情緒。只要將我們內心的情緒照顧好，自然會看淡那些外在的干擾。做人處事如果太執著，其實是跟自己過不去，糟蹋了本該看重的感情，而損毀了原本平靜的生活。

請記得，沒有真正幸福的人，只有把一切看得開的人。

不會說話沒關係，
記得懂得傾聽。

我不擅長的事情其實並不少，像是任何與「說話」有關的事，比方說學習外語，比方說演講，比方說溝通，還有表達自我。或許，會有人認為溝通與表達自我相仿，其實本質上還是有些微的差異。溝通比較是針對事情，而表達自我則是傳達自己的思維與個性。但，即使本質不同，這兩者我都做得不太好。

以前面對不熟的人不敢說話，雖然會試著說卻時常說錯話。說了不該說的話，或說了人家不想聽的話，或說些表面的、空洞的話，不然就是說些違背心意的話。有時傷了別人，有時傷了自己。因為一直不明白怎麼說才好，慢慢的乾脆少說話，自覺這樣最妥當。

少說話，確實減低了說錯話的機會，可是同樣也減少了傳達自己想法的機會，有時難免因此吃了虧，或是被人誤解。後來我開始試著改善自己對於說話的恐懼，多少可以降低在工作中溝通的麻煩。即使現在對於說話還是不擅長，不過自認為已經有進步，無論是上台演講、簡報或開會表達意見，依舊會感到緊張，起碼已不再排斥與懼怕。

在工作之外，我平時還是習慣少說話、少表達，性格畢竟不容易改變，我也不想勉強自己。雖然不愛說話，但我至少懂得傾聽、懂得體恤，這一點我比很多人強。我發現不少人跟其他人聊天，只顧著說自己的事，完全沒有想到對方，這樣自我中心、沒有同理心的人，也跟我一樣是個不擅溝通的人。

不擅長說話沒關係，記得懂得傾聽，學習好好引導對方說。我後來摸索出一套溝通心得：**多關心對方的感受，多問對方，讓人有表達的機會，別想著讓對方聽你的，而是讓雙方都能接受，這才是良好的溝通。**

對了，我有時不說話，不代表我怕說錯或沒意見，只是我不想白費力氣、對牛彈琴而已。我們不必學習辯才無礙的能力，只要摸索怎麼說出重點，還有適時的閉嘴。

18_用什麼態度對待別人，
你就會被這樣對待

他跟著你一起
批評別人，
也會跟著別人一起
在背後批評你。

給常跟朋友說壞話的你

有人習慣用他人的秘密來換取友誼，或是跟著朋友一起在背後批評別人，講別人的八卦。遇到這樣的人，我會盡量保持距離，若是對方硬是要跟自己講別人的壞話，我也不評論、不回應、不附和，想辦法含糊帶過，然後找理由速速離開。

假如不欣賞某個人，我不會跟人說，將那個人的評價放在心裡就好。因為自己的不欣賞，純粹是我個人的感受與想法，不必主動告訴別人來影響其他人的觀點，難保聽我說的人恰巧與我不欣賞的那個人交情不錯，那麼，我的評價就有可能傳到我不欣賞的人耳中，反倒造成不必要的誤會。對於他人的評價，說了對自己沒有任何好處，反而有時還給自己惹了一身是非。

一個人用什麼態度對待別人，就會用什麼態度對待你。**他會把別人的秘密告訴你，就有可能把你的事情告訴別人；他跟著你一起批評別人，也會跟著別人一起在背後批評你。**

那個人跟你討厭同樣的人事物，或許會跟你聊得來，有相同的看法與話題，卻不見得能成為真正的好朋友。因為有可能那個人其實對所有人事物統統都看不順眼，全都覺得討厭，而你也是其中之一。

別為了讓自己能被朋友圈接受而去批評任何人，不要以為可以一起批評別人的人就是朋友。所謂的朋友，是你能在他們身上找到自己認同的部分。你不缺會道人長短的朋友，需要的是正直善良、彼此交心的夥伴。

我們都是因為善良、
因為受過傷，
才能成為彼此的光。

給即使善良遭人踐踏卻堅強以對的你

我認為人之所以美好而強大，是來自於同理心與善良。所謂的同理心，就是體會過那傷痛，即使自己的傷仍未痊癒，還是想要幫助別人走出傷痛。所謂的善良，就是明白人心險惡，看透了對方的虛偽，還是願意選擇寬容待人。

生命中難免會出現糟蹋我們心意的人，他們甚至會揮霍與利用別人的溫柔，然後欺騙、偽裝。有些人是為了獲取自己的利益，有些人甚至只是覺得有趣。

當自己的同理心與善良遭人踐踏時，你依然會堅強以對。我也明白，你的外表看似若無其事，但內心早已碎得四分五裂，扎得傷痕累累。或許，你慶幸的是傷在心裡，即使已經潰爛不堪，只要繼續撐著，外表好好的，就不會讓人發現。

那些友好善待的心意，並不是理所當然，而是你的選擇。假使有個人對你的付出予取予求，並利用你的善良得寸進尺，你不該讓自己的心意一直被浪費。這世界沒有善待你的時候，你就好好善待自己。**我們不必反擊，不必報復，只要讓對方明白一切到此為止。**不知感謝他人給予的人，有一天會失去更多。

你是美好而強大的。**善良的人總會吸引善良的人，受過傷的人能理解受傷的人，光會讓期待溫暖的人聚集過來。**我們都是因為善良、因為受過傷，才能成為彼此的光。願你遇見能理解你的辛苦與不安的人。願你遇見能照亮你內心黑暗角落的人。願你遇見能在別人冷眼旁觀時擁抱彼此的人。在那之前，願你勇敢。

20_問題都不是出自別人身上

想辦法成為一個清楚方向的人，而不是一味怪罪別人混淆了自己。

#給心中沒有方向的你

偶爾會有人跟我說，他的身邊總有人影響他、誤導他，他的人生才會過得不開心、不順遂。但，我很納悶，其他人的生活並不是繞著我們轉，他們光是面對自己的事情就已經焦頭爛額，很少人會無所事事等著要影響別人、誤導別人。

有些人認為問題都是別人造成的，不過，最大的問題往往是我們自己，只想著改變別人，而拒絕改變自己，習慣檢討別人，而不願檢討自己；不願寬容別人，卻事事寬容自己。

那些給你意見的人，只是把自己認為正確的方向或想法傳達出來而已，你不是什麼都不要聽，只是不用事事參考，而是要讓心中有一把尺，建立自己的中心價值與目標，這樣我們才能明白什麼建議對自己是加分，其他的話就當成借鏡即可。我們要想辦法成為一個清楚方向的人，而不是一味怪罪別人而混淆了自己。

假使你老是依賴身邊的人，就真的別怪罪別人害了自己，期望自己的生活變好，請先讓自己好好負責吧。

如果覺得身材胖了，有空就多運動，控制飲食習慣。如果覺得精神不好，那就別太晚睡，可以看中醫調整身體。如果對自己沒自信，試著多閱讀、學穿搭打扮。**無論身處何種狀態，永遠不要停止變得更好。**如果連你都不對自己好，還指望誰對你好。

或許偶爾會被人拖累，或是生活被人干擾，難免無奈，不過別太在意，遇到了，我們就是想辦法解決眼前的問題。

懂得排解負面情緒的人，比成為樂觀正面的人更容易。學會接納缺點的人，比成為處處完美的人更討喜，期許都能成為這樣的自己。

與人相處還是先從
基本的尊重開始，
客氣雖然帶著一點距離，
卻是富含著
體恤對方的善意。

給忘記人際距離的你

或許你會認為很多人在職場或社交場合上都是戴著面具，好虛假、太做作，應該要展現最真的自己。其實，我也不喜歡那樣的虛偽，可換一個角度來看，戴著面具也像是一種自我節制，若真要呈現未經修飾、毫無分寸的自我，很可能會招致對方的反感與困擾，不如還是戴著合適的面具比較好。

以自我節制的方式對待他人，並不算是做作，而是不想影響他人的同理心。

說話帶刺、傷人，或是心情不好就擺張臭臉對人，不叫做真誠，那是沒禮貌。未經同意，擅自將人拉進群體或活動裡，或是經常捉弄人、開玩笑，不叫做熱情，那是不尊重。

與人相處，我總會設一個安全距離，只要有人靠得太近就會渾身不自在，甚至感覺被侵犯。很多人也是如此吧？人的感受是極其微妙的。比方說，有人就算沒有知會，便擅自打開你的包包拿取東西，你不會生氣；但某些人只是出現在視線內，你就會莫名感到不對勁。站在圈圈外的未必是壞人，不讓你走進圈圈內的也不是怪人。我們都會評估身邊每個人，只是有些人特別謹慎。

對某些人來說，能夠走近他的，只有少數自己認同的人；不過，也有很多人並不認為接近是需要同意的，總是大剌剌地踏入別人禁區，只是想要表示親近友好，不開口阻止就會越來越侵擾。**與人保持著適當的距離，這是尊重。擅自拉近彼此的距離，則是打擾**。

自以為的親切，令人反感，自以為的拉近，讓人躲得更遠。我建議與人相處還是先從基本的尊重開始，客氣雖然帶著一點距離，卻是一種體恤對方的善意。相處久了，合得來自然會走得近，不用急。

願你我都能成為自我節制、且尊重彼此的人。

還不清楚
下一條路怎麼走，
那就學會
面對那些不公平，
默默做事，好好做人，
先儲備實力，
再來與人談條件。

給不時在職場上因為豬隊友
而生氣的你

職場就是社會，也是江湖，什麼樣的人都有。人多自然會複雜，複雜就有各種角力，有角力就會有高低，有了高低，也會衍生各種不公平、不合理的存在。明明是團隊，能力優秀的人得承擔更多的事情，偷懶推諉的人卻樂得輕鬆自在。明明下決策的是主管，結果不如預期被老闆責怪，這個黑鍋卻是你來扛。

或許你感到灰心，覺得不是所有的努力都能得到相對應的回報，不是每個人的能力都能換來相對應的尊重。但，到處對人訴苦，抱怨公司的不是與委屈，對事情並沒有多大的助益、改善。因為你訴苦的對象通常都是同溫層，他們並無力改變，唯一的功能是讓你抒發心情。

能有宣洩負面情緒的管道固然重要，不過要慎選對象。小心的是，當你的負面聲音被公司聽見了，甚至影響了公司氣氛，你很可能會成為被處理的目標，那些同溫層會挺身而出嗎？萬一你真的受了委屈，可以選擇瀟灑離開；如果暫時還不清楚下一條路怎麼走，那就學會面對那些不公平，默默做事，好好做人，先儲備實力，再來與人談條件。

生氣不如爭氣，一時的抱怨，有益身心健康。但，真正想要讓現況改變，是要讓自己變強，展現出你的價值，讓公司另眼相待。當你沒有足夠的實力，即使去了新的環境，依然會面對相同的不公。

職場是現實的，沒有實力的人，永遠只能處於弱勢，與其繼續抱怨，不如努力增加自己可以被尊重的籌碼。

在職場上，天天都有討厭的人事物，翻完白眼、找時間宣洩一下就算了。別氣太久，因為類似的事每天都有出現，我們要保留一點力氣。

與其哀傷，不如加強情商；與其生氣，不如好好爭氣；與其灰心，不如先放開心。任何職位或權力，都沒有把自己的生活過好來得重要，怎麼取捨，怎麼衡量，那就是個人的功課。

23_展現真實

不用活得那麼小心翼翼，
喜歡你的人不需要你的客氣。

給忘了真實自己的你

為了不要讓別人不開心，不想讓氣氛變尷尬，總把「沒關係」、「沒問題」、「我明白」掛在嘴邊，或用各式各樣的讚美與奉承的話語隨意附和。但，我們不斷壓抑自己，去迎合旁人，為人著想，並非都會得到真心誠意的對待，反而換來有些人的利用與壓榨。戰戰兢兢、如履薄冰壓抑著自己真實想法過生活，卻只會讓自己越來越喘不過氣。

有些人，第一眼安安靜靜的，熟一點就發現他瘋瘋癲癲。有些人，看起來難相處，只是不想跟你好好相處。有些人，看起來怪異、難搞，實際上是真誠待人、不懂假裝。

也有些人，對你講話很粗魯，動不動就打電話煩你，不開心會對你抱怨，出去玩時很愛管你，做錯事就痛罵你。但，這就是你的好朋友，而你可能也會對他做出相同的事。

與其辛苦的假裝，不如盡可能自在的生活。

不用活得那麼小心翼翼，喜歡你的人不需要你的客氣，不喜歡你的人是你怎麼做都不對。

客氣是一種禮貌，絕不是過度的迎合，要獲得真實的友誼，就該展現真實的自己。

Chapter 05

給面對失去的你

總是要走過，
我們才會清楚
想走的路是否相同。

給面對某人離去的你

那時，我記得是你拉起我的手，說要和我一起走，但到後來卻是你放開了手，自己走向另一條路。沒關係，即使如此，我沒有哭也不要你回頭。總是要走過，我們才會清楚想走的路是否相同。

起初是你不請自來，走進我的生活，打亂我的步調，沒想到後來卻是我捨不得你走。熱情的人先變冷了，慢熱的人卻正熱著。隨著時間推移，立場與感情是會改變的，倒也不是怪誰，也不是說你欺騙我，只是陳述現實，到最後是我比較放不下，做不到像你那樣灑脫。

不過，我沒有為你流太多眼淚，因為我要找的，是一輩子都可以陪自己悲喜的人。我不會等待你回頭，因為內心最不想要的，就是一個需要自己苦苦等待的人。

自那一刻起，無論是平和，還是悲傷，我們之間都已經完結。曾經以為會是漫長一生，最後卻是一場萍水相逢。有些人真的只是短暫停留，我們也不用多加挽留，就讓他們在我們的思念裡慢慢遠去。

我失去了你，但是我沒有失去自己。在受過淚水洗滌之後，終於看清楚自己想要走的方向，縱使不清楚那條路還要走多久才能抵達想去的地方，也不確定能不能遇到願意一起走的人，可是我明白無論如何都要自己繼續走下去，這是你留給我寶貴的提醒。

你有更需要的事物
該追尋，
漸行漸遠
是必然會發生的狀態。

給捨不得要丟棄的你

當你往前走時，有些人事物勢必只能留下。你想要變好，就要捨棄那些不適合的。而**當你越來越好，有人也離自己越來越遠**。

其實，也不是那個人不夠好，只是後來彼此的步調不同了，心境改變了，你有更需要的事物該追尋，漸行漸遠是必然會發生的狀態。離開必然帶來不安，但如果不是獨自一人，反而很難到達某些地方。

隨著一路的成長，我們會越來越清楚自己能夠做什麼，即使無法成為心目中的模樣，也能漸漸看清自己能力的極限，知道自己該過什麼樣的生活，開始漸漸理解在生活中的那些湊合、敷衍與勉強，全都是對自己的辜負。

若期盼有人走進自己的生活，不如先照顧好自己的生活。**過去的你總是想要找到地方取暖，現在的你離開了原本的溫暖，無須急著走進另一個人的懷抱，因為想要先摸索出自己發光發熱的方式，日後讓自己也能成為他人的依靠**。過去的你希望被很多人接受，現在的你更希望自己能夠慢慢接受自己。接受自己了，至於他人是否接受自己就無所謂了。被人辜負，傷心難免，因此你不能再虧待自己。

人家既然都已經獨自上路，你又何苦揹著沉重的過往痛苦前進。

#給放不下那些曾經的你

那些「曾經」是不會被抹滅的，可也不必一直掛在心上，明白有過那麼一段就好。

在之前的關係中，你或許感嘆過自己的種種付出，也埋怨過他為什麼要背信棄義。但，這樣的曾經都只是生命中的一段而已，沒有永遠，且終會過去的。人家既然都已經獨自上路，你又何苦揹著沉重的過往痛苦前進，放下才能好好前行。你要感謝自己問心無愧，接下來請自己心安理得慢慢再走下去。

很多人都一樣，把別人對自己的好當成吃一顆糖，吃了就沒了；而我們只要稍微傷到他就像是劃了一刀，疤痕就一直留著。**人性會給予我們很多考驗，因此更要學會去接受和寬容。**身邊的人離去，或者被在意的人傷害，難免會痛苦，可是不必灰心，總是會有懂得你好的人留下。

對於那些人，**你只要記得曾經有過那麼一段，你能夠一路走來，偶爾有人拉你一把，但真正依靠的是自己的堅強、自己的苦撐。**即使被人從背後推了一把，也會很快就站起來，拍掉身上的灰塵，再選擇繼續向前走。如果有一個人，因為你的一點好，就能不在意你所有的不好，請好好珍惜；因為有更多人，只會因為你的一點點不好，而忘記了你所有的好。

無論是人、是事、是物，或許都不是努力就能操之在己的，只願因為你的努力，你的用心，讓你在意的那些人事物能夠獲得好運的眷顧。

當你接受了一個人
的離去，
同時也會接受了生
活的重啟。
只是重開機，馬上
就會恢復正常的。

給很難斬斷關係的你

無論是愛情或友情，能夠陪到最後的才是真情。並不是說過去那些全都是虛情假意，唯有真切的留在身邊，我們才能確確實實的感受到。

每一段關係都是一樣的，要習慣對方的忽冷忽熱，也要看淡任何人的漸行漸遠。大部分的人無法陪我們一一走完生命裡的每個階段，有些短到你已忘記；有些長到你刻骨銘心，到最後仍不得不分離。有些走著走著，莫名地分道揚鑣，連再見也沒說一聲，就再也沒見了。

人與人之間的感情固然可貴，但，若其中一人過於依賴關係，反而得不到慰藉與開心，而是更多的煩擾。**不再與某個人往來沒有那麼難，即使是兩人曾經非常要好。我想，最痛苦的是彼此的心結還沒打開，卻已形同陌路。**

萬一分開了，假使被傷害了，在外人面前，你一如平常，不怨不悲，不吵不鬧。不是不痛了，只是習慣了。不是變笨了，只是不想戳破了。不是無所謂了，只是懶得解釋了。不是沒事了，只是不想讓人擔心了。

我們必須把脆弱的內心藏在堅強的外殼之下，才能在現實世故的環境裡好好生活下去。然後，希望有一天真的不痛了，真的無所謂了，真的沒事了。

真正在意你的人是不會離開的，無論是愛情，還是友情。當那個人堅決要離開，代表心意已決，你也只能尊重，任何關係都是建立在你情我願的基底上，不必糟蹋了自己，或是委屈了別人。有時是說不出的苦衷，不妨就推給命運弄人吧，多少會不捨，多少有遺憾；不過，假使有一天排除了那些離開的理由，將來就有機會再相聚。只要彼此心裡還有掛念，那份想念一定會再將兩人繫在一起。

我們還沒有失去太多，但已經開始明白那些東西是值得留下的。因為失去，讓我們更懂得惜福，更清楚一直守候在身邊的人是多麼難得。當你接受了一個人的離去，同時也會接受了生活的重啟。只是重開機，馬上就會恢復正常的。

陪伴我們的時間長短
未必能代表什麼，
卻不能說明
他對你的好與壞。

給以為他人的離開都是自己責任的你

當某個人離去後，你覺得人生低到谷底，那個人可能是家人，可能是好友，可能是愛人。

不如我們換個角度思考，把人生想像成旅程，正陪伴在身邊的那位，剛好只是同路、同車，還一起同住。可是每一段路途都不是一成不變的，總是有些意外，會讓人岔出去另一條路，又或是讓人不得不停下腳步。

責任感強的人，覺得照顧身邊的人是自己的責任，不小心將這些關心與好意表現得像是掌控，讓人想要從他身邊逃走；也有人因某個人的離去，而自責是自己沒做好、能力不足。**別人的人生不該是我們的責任，每個人都有自己的旅程，只是剛好某一段路一起相伴，隨時會在下一個路口分道揚鑣。**同行時，可以相互扶持，萬一有了什麼閃失，不全然是任何一個人的錯誤與責任。

人與人的緣份，沒人說得準，沒有什麼天經地義，沒有什麼天長地久，更沒什麼標準可言。這趟旅程中，陪伴我們的時間長短未必能代表什麼，陪你一個月的、半年的、一年的、十年的，還是五十年的人都有其意義，卻不能說明他對你的好與壞。**有些人在幾十年後分開，才發覺原來是一種解脫，有些人只相處了一年半載，卻留下了刻骨銘心。**身邊的人陪伴我們走多久多遠的路未必是最重要，只要能留著我們美好的、溫暖的回憶，那就值得。

當那些親愛的人離開，不要只記得錯綜複雜的恩怨情仇，只要想著你們之間單純的難得緣分，即使你真的感覺身處在谷底，只要轉個念，還是能看到藍天，還是能有陽光灑落。

對於該在乎的人，
提醒自己多用點心。
那些突如其來，其實
都是日積月累。

給被突如其來的轉變
而嚇壞的你

你對於人的善變感到可怕，對於他的突然背離感到心寒，你對於他的無情感到傷心。但，沒有人是突然性情大變的，只是他的慢慢變化你絲毫沒有察覺。對於該在乎的人，提醒自己多用點心。那些無常，有時是我們習以為常而形成的。那些突如其來，其實都是日積月累。

有時候，**與一個人漸行漸遠，未必有明確的原因。沒有人犯了錯，也沒有人負了誰，可是總有人拼命想在過往裡挖掘出一個答案，彷彿找到了答案就能夠避免失去的痛。**

事實上，即便存在著原因，明白了原因，卻也無法改變什麼，只是讓自己傷得更深而已。

難過時，就好好痛快大哭吧，堅強再久也沒人會頒獎，示弱也沒人會處罰。偶爾掉淚是好事，好像只有在這時候才會覺得自己確實好好活著，才會多心疼自己一點。

哭完後，就收拾好心情，慢慢向前吧，即便我們已經見過太多的險惡與聽過太多的對不起，請保護好心中僅存的火光，堅強地走下去。即使感到淒涼，還是努力散發溫度，這就是我們的強大。

過去的你，一直追著別人跑，總會累壞的。接下來你可以慢慢走，與其不停想著對方要什麼，還是選擇跟在意彼此感受的人好好相處吧。

離開一段不適合的感情，
是一種讓自己
生活變得更好的方式。

#給因為分手而停滯不前的你

「分開，或許對你是好的。」在你分手之後，說不定不只有我這麼說，身邊的人老早就提醒過你，只是你選擇充耳不聞。我想。

兩個人在一起，時間應該花在好好相處，而不該用於曖昧猜測。如果無法好好相處、好好理解，而是總是懷疑、擔心與爭執，你不覺得這樣的感情本身就有問題嗎？

我認為的「愛情」，應該能讓人更喜歡自己，而不是讓人開始討厭自己；也該讓彼此慢慢變得更好，而不是互相拉扯越來越沉淪。當你開始討厭自己，變得不再如以往快樂了，其實，你的內心早就明白該怎麼走下一步。只是不甘心，怎麼會讓自己走到這一步。

你說過想要變得更好的。而離開一段不適合的感情，是一種讓自己生活變得更好的方式。

失去曾經擁有過的，難免會不捨。離開認真愛過的人，一定會傷心。**遺憾的是，沒有什麼失去了、分開了卻不會心痛的方法。除非沒有心。**

但，如果決定要離開，那就拼了命往前跑。就只能這樣了。

你要前進，你要勇敢，或許做不到灑脫，至少不必覺得愧對，把不堪留下，這是你一定能做到的努力。一旦離開了，我們只能為自己的人生好好負責。那些過去，再也與你無關。

8_美好而遺憾的過去

正因為分離，
才能保有心中的
那份美好。

給一段感情結束太快的你

聰明如你，或許可以理解吧？可是我搞不懂既然有緣讓兩個人相遇，為何又要兩個人分離？大費周章的在一起，卻草草結束，還不如從未遇見過是否會更簡單？但，我仍然覺得能夠遇見你真好。也許，正因為分離，才能保有心中的那份美好。

我喜歡你，喜歡你自信卻隱約透露不安的笑容，喜歡你低頭專心做一件事的模樣，喜歡你睡前傳來的晚安，喜歡你面對周遭惡意時的堅定，喜歡你努力想著聊天話題的神情，喜歡你談美好又遺憾的過去，喜歡你聊的展望與未來。即使你的未來沒有我了，你也成了我那美好又遺憾的過去。其實，我沒有太常想起你。只是偶爾而已。

偶爾在寂靜的清晨時分想起你，傍著各種不同的鳥啼，遠方不時傳來車輛呼嘯而過的聲音，淡淡的晨光從雲層中透出，像是來自過去的光束，將你的身影映在我心裡。在晨光裡，想念著你，想念著會想念我的你，也想念著喜歡你的我。雖然明知回不去，記憶卻執意帶著我回去。

縱使偶爾想起，那份寂寞卻會停留在周遭很久很久。

或許，那時的你我都過於寂寞，我的寂寞與你的寂寞相遇，我們理解彼此在這座城市裡迷失的寂寞。然而，**理解卻未必能治癒，越愛越害怕失去，越害怕失去越感到寂寞。**

但願你我都能遇見，那個不只理解也能治癒內心寂寞的人，不必大費周章，也不會草草結束。

愛情需要的，
只是兩個人就剛好
喜歡對方那一點點的好。

給為愛容易捨棄尊嚴的你

走遠了，就很難再回來了。即使人還在，心已遠。

「他怎麼可以這樣對我？」許多人會在心裡自問。為什麼他對自己的付出可以理所當然？為什麼他對自己的讓步不懂珍惜？為什麼他對自己的感受毫不在乎？老實說，他這樣的對待是不對的。可是，你最該問的是自己：「我怎麼可以讓他有機會這樣對待我？」

我們很容易自我感覺良好，以為不顧一切的全力以赴就能博得他的愛。事實上，那些付出不過是自己的一廂情願。

一個對感情已淡的人，你對他的付出就像是把東西拋向一片虛無，什麼回應都沒有，只是讓自己內心裡的空虛感與遺棄感越來越擴大而已。愛不該是自己一味付出、不斷討好，也不是沒有了誰就活不下去，那樣的感情任誰都想逃離。

不是鍥而不捨就能找回愛情，不是犧牲奉獻就會獲得回報。在心已不在的人眼裡，窮追不捨並不是毅力，而是難以忍受的騷擾。在沒有感覺的人心中，一直付出並不是誠意，而是難以承受的壓力。

放下，是為自己留下尊嚴，也為自己的心爭取自由。你沒有不好，只是剛好遇到不懂得你好的人。就像我不愛吃鳳梨，並不代表它不好吃，只是我個人的喜好問題而已。其實，愛情需要的，只是兩個人就剛好喜歡對方那一點點的好。再怎麼好吃的鳳梨，也要找個愛吃鳳梨的人比較實在。

雖然無奈。但，**戀愛不是兩個好的人在一起就會變得好好。**

有些事，明明是錯的，卻偏要去堅持，那是因為不甘心；有些人，明明是愛的，卻不得不放手，那是因為清楚不會有結果；有時候，明知沒路了，卻還在前行，只因為習慣了。我們有時會這樣。真正在意你的人是不會離開的，無論是愛情，還是友情。當他離開了，代表心意已決，任何關係都是你情我願，不必糟蹋了自己，也不必委屈了別人。

過去的你，容易因為愛情而沒了自己。但願日後的你，能夠明白所謂的愛，**除了要為了對方著想，兩人還是要保有各自的自我。**無論是過分的依賴或太多的付出，對另一個人來說都是沉重的負擔。理想的愛，應該是你們在一起很自在，不在一起時也安心，彼此理解，給予對方尊重與空間，不必你犧牲奉獻一切，如此平凡而已。

是自己心甘情願付出的，沒有任何人逼迫，又有什麼資格或立場要別人償還？

給付出好多卻怨歎沒有回收的你

你全心全意去愛一個人，用盡心力地對他付出，但你所投入的一切就像是丟進了深不見底的黑洞中，一點回應也沒有。如此無奈的結果，讓你不禁這麼想：「我付出了那麼多，堅持了那麼久，都這麼可憐了，原以為可以換回一點點安慰，或是同情也好，結果把自己搞成這樣，什麼都沒得到，未免也太不值得了。」

你是不是這種用盡全力愛過，卻仍擔心自己什麼都沒有的人？或許，過一陣子你再回想，就會明白用那樣的想法去愛一個人，從一開始就是錯的。**錯的，不是你的付出與堅持，而是你把感情視為可以對價交換。**是自己心甘情願付出的，沒有任何人逼迫，又有什麼資格或立場要別人償還？

這麼說可能有點傷人，正在曖昧的感情，至少是對方的言行有表現出明顯的喜歡；如果沒有，那只是你的自作多情。

「他怎麼可以那樣糟蹋我的感情？」許多人忍不住想這麼問。為什麼對你的付出視而不見？為什麼對你的情意不懂珍惜？為什麼對你的感受毫不在乎？或許他狠心，也可能很無情，但說不定那是他給你的溫柔。**因為你的愛與你的付出，他都給不了，與其給你希望，不如讓你失望，早點死心，把你的好讓給適合的人。**或許，你最該自問的是「我怎麼讓自己陷入這樣的處境？」

他離開了也好。其實在分開以前，你已經痛苦了很久很久。即使理性告訴你該放下，你也清楚自己一個人也可以過得很好，但心卻不斷告訴自己，那個人如果能夠留下來該有多好。

也許你可以試著說服自己：愛一個人，不代表一定要擁有他；離開一個人，不代表不愛他。

你也可以告訴自己：他有多好都沒有用，他願意對你好才有用。

愛，不是以物易物的交易，從來都不是給予就會獲得。

愛是種喜歡，喜歡對他付出，喜歡接受他的心意，喜歡與他說話，喜歡與他在一起做任何事。

你很棒，你已經試著全心全意去愛一個人，對他用盡心力付出，雖然事與願違，但是你盡力過了，值得抬頭挺胸。難免心痛，但不要氣餒，總會有一個人喜歡你的努力與付出，喜歡與你做任何事，珍惜認真的你。

與其努力遺忘一個很難忘記的人，不如試著好好記得那個曾經一起擁有美好時光的人。

給一直想忘記卻忘不了的你

這世上沒有人不曾受過傷吧？

在我們一生中，或多或少都曾被人傷害，難免也傷過別人。無論是不得已，還是不自覺。沒有人喜歡受傷，也沒有人喜歡被遺棄。但，遺憾的是，我們活著，勢必會歷經受傷、失去與遺棄。

任誰都明白在受傷的當下，在失去之後的那種悲痛。悲痛的心，就像是吸飽水的海綿，一按，悲傷就會滿溢了出來。

開始喜歡跑步，開始喜歡聚會，開始喜歡上課，開始喜歡加班，開始喜歡把自己弄得忙碌。其實未必真的喜歡，只因想要盡快遺忘。遺忘那些美好，應該就能遺忘那些傷痛吧？你是這麼想。

原以為什麼都能遺忘，結果什麼都無法遺忘。與其努力遺忘一個很難遺忘的人，不如試著好好記得那個曾經一起擁有美好時光的人。

要記得你們相遇的瞬間，要記得你每天收到他的問候，要記得當時為了他而勇敢的你。

只要有人能陪自己走一段，就是一個奇蹟了吧。即使做不到好好感謝，起碼也要記得那時的美好，好好記取這次的錯過。雖然無法繼續後來的故事，依舊可以保有那溫柔在心底，無論如何，那段時光都是無可取代的美好。

並非得到了愛才讓我們成為幸福或完整的人，更重要的是，在發現自己失去了愛之後，我們成為了什麼樣的人。

那些痛，那些傷，那些復原的過程，讓我們體會自己適合什麼樣的人，發現自己成為什麼樣的人，終能遇見有一個能夠彼此疼惜、相互理解的人。

12_無法回到原本的模樣

過去已逝，
那是無法改變的事實，
我們永遠做不到
原本的自己。

給記不起最初的自己的你

那個人將你變成他喜歡的模樣，最後卻頭也不回的離開你，而你早已回不去原本的模樣，甚至也記不起自己原本到底是什麼模樣。

你還以為兩人已經度過最艱難的部分：磨合、爭吵、冷戰與和好，現在才發現最難的部分，是在他離開後，自己該怎麼找回一個人的生活。

想念，是你唯一能做的事，其他事都做不了。可是，一想念就讓心難受，偏偏你只在想念時才感覺到自己好好活著。

你想好好振作，但讓你無法振作的理由，卻是掛念著兩個人曾經多麼快樂。會掛念那個明明不多話卻總是跟你講電話講很久的人，會懷念那個心疼自己的溫柔眼神，會想到那時為了讓他喜歡而努力改變的自己，會憶起兩人熱烈聊著未來的時刻。但，現在你的未來再也沒有他了。

你還想念著與那個人在一起之前的自己，那個無論做什麼、和誰在一起都可以笑得很開心的自己，可是再怎麼努力回想，那個模樣早就模糊不清。

你想好好的，好好的照顧自己，卻力不從心。好不容易向上爬了兩步，好轉一些，又會為了一點什麼事而觸景傷情，跌到原點。沒關係，這些掙扎的過程一定得經過，雖然不清楚時間還要多久，也因人而異，不過一定會過去的。而**對於愛，我們都是邊愛邊學，沒有誰是天生就會愛別人或愛自己。沒有。**也沒有人學得會面對愛的離開。所以你真的已經做得很好了。

你不必再努力找回沒有他之前的生活，不管我們怎麼努力都回不去。不只回不去，那是在跟自己過不去。過去已逝，那是無法改變的事實，我們永遠做不到原本的自己，你現在唯一要做的，是做一個不必有他也能過得好的自己。那是全新的自己，一個更好的自己

13_在愛時一心一意，
該放下時堅定不移

我們總要
經歷幾次錯過，
才能找到
最美好的相遇。

給又一次經歷錯過的你

愛的出現與消失，通常是沒有什麼規則和道理。所以我們抵擋不住，也找不回來。你說要理智，但我說能夠理智看待的，通常不叫愛。你說要堅持，但我說只有一個人的堅持，通常是白費力氣。

即使只是想讓自己喜歡的人剛好也喜歡自己，往往不是那麼容易的事。有時不是哪裡做錯了，只是沒那麼幸運。是的，**愛需要一點運氣，剛剛好的時機，剛剛好的感覺，剛剛好的相處，剛剛好的人，才會形成剛剛好的愛。**

你已經盡力展現了最好的自己，但他還是無法接受。傷心難免，遺憾難免，但你可以無愧地告訴自己，至少曾經為愛如此耀眼。

願你在愛時一心一意，該放下時堅定不移。

現在，該把時間多留點給自己。在談感情時，為了讓愛完整而選擇縮小了自己，要恢復成原本的自己得花費許多力氣與時間。不容易，很辛苦，可是你一定做得到。

沒事的，我們總要經歷幾次錯過，才能有最美好的相遇。

14_狠心的往往是自己

掉進水裡並不會淹死，掉進水裡選擇毫無作為才會淹死。

或許是別人推你入水，但你能夠讓自己存活下來。

給明明就是對自己狠心的你

往往對自己最殘酷的，不是別人，而是自己。傷害你的人當然狠心，可是他早已離去，而你卻還在默默懲罰自己。

掉進水裡並不會淹死，掉進水裡選擇毫無作為才會淹死。或許是別人推你入水，可是你能夠讓自己存活下來。只能游，拼命地往上游，才能離開水裡。選擇毫無作為而淹死的人，那是對不起自己，也對不起身邊那些在乎你的人。

生命中最難的部分，或許是你沒辦法去追求，又怎麼也放不下。

或許你因那個人後來的變卦與離開而大受打擊，一個人的轉身，剛好可以讓你認清他只能陪伴到此的現實。可是你不該再讓自己繼續放大他遺留下來的痛與恨，別人讓你受了傷，而你還不斷去揭開傷疤，不只傷好不了，還會讓自己更痛。

請提醒自己，**面對那些無能為力的失去，盡量看淡這些離散。只是回不去了，也沒有什麼好過不去的。**我們很清楚，人生無常，**即使懷抱著想念，就算背負著遺憾，我們依然會繼續探尋屬於自己的人生。**

或許，你已經不再拼命往前，而是悠遊自在，緩緩上岸。

15_未必要原諒

那句對不起，是他要一直背負下去的虧欠，但你可以昂首繼續走向屬於自己的人生。

給太過糾結等不到一句對不起的你

即使事過境遷，心裡仍有著些許罣礙，在替那個人設想了太多太多的體諒與寬恕的理由後，總歸還是認為他欠自己一個解釋，還有一句對不起。

你自認問心無愧，珍惜每一次的相處，卻遺憾忘了珍惜自己毫無保留的心。現在回顧當時，最值得的一件事，或許就是離開。即使不是自己的選擇，即使不是心甘情願，一旦走遠後再回頭，過了一段距離、一段時間，才能慢慢看清事情的全貌。離開不是失敗，也不代表是誰犯了錯，而是讓我們改變的契機，原以為的失去，有時是一種獲得。

我們可以選擇放下，但不一定要勉強說服自己原諒。沒有一定得原諒對方才能往前走，因為那個人、那件事早就與自己無關緊要，那些過往也已經雲淡風輕。

你心裡明白自己沒有對不起那份情誼，是那個人對不起你，那句對不起是他要一直背負下去的虧欠，而你可以昂首繼續走向屬於自己的人生。

如果總把過去緊緊抓著，即使幸福就出現在眼前，你也騰不出手擁抱。你要變好，就先從生活變好開始，試著好好吃飯、好好睡覺，你的世界慢慢就會變好。願你流過的淚，都能化成美好的未來。

你只能拼命告訴自己沒事了。

#給因為某人離去而尚未痊癒的你

悲傷不會持續，它是一陣一陣的。倒是心的某個地方好像破了洞，有什麼正一點一點地流失，感覺體內變得空洞。

很想哭，告訴自己沒關係，就哭一哭吧，卻未必能說哭就哭。倒是好幾次在唐突的時機掉下了淚。像是早上起床梳洗，看著鏡中的自己，突然眼淚就止不住了。像是獨自坐在小吃店，等餐時望著牆上電視播放新聞，眼淚卻不自覺地簌簌落下。像是在往捷運站的路上，替迷路的阿姨指引方向，當她說了聲「謝謝」，然後你一陣鼻酸。

「謝謝你。」他留下這句感謝，便轉身離開。你覺得莫名其妙，為何要道謝？不是應該要說對不起的嗎？不是應該要說不好意思嗎？假如要感謝的話，就該留下來陪著你，就該回應你的心意，而不是這樣丟下你一走了之。

你會感嘆自己並沒有做錯什麼，為何要由自己承擔這一切。事實上，你們沒有誰對誰錯，也沒人誰辜負了誰，只是有人不得不離開了。

生活總是時而顛簸、時而蜿蜒，有些人必須用盡全力，用力到全身都感到疼痛了，才能保留著一點希望，在崎嶇不平的路上平安無事地活著。很可能他累了，也不想再忍耐了，更不願再拖累他人。所以，他選擇不再走這條路了。

他的離開，看似沒有帶走任何事物，但還是從被留下來的人身

邊帶走了什麼。他不會再出現在生活裡的一角一隅，不會再看到他的一顰一笑，不能再聽見他的安慰、說笑或抱怨，即使世界仍然持續運轉著，你們的世界卻永遠停留在那裡。

你只能拼命告訴自己沒事了。但，你也不確定要說多少次才能說服自己。也許，你不必急著告訴自己沒事了，而是要對他說——都沒事了，不苦了，不痛了。一路好走，願他得到想要平靜與喜樂。

我們都會好好的。

愛在那裡枯萎，
也會在另一處萌芽，
首先要把心裡的沃土整理好。

給遲遲不想放手的你

你們那份美好的愛已經過去了，那個人註定成為了你的過去，只是你還過不去。失去當然會難過，表示你認真愛過，也代表你們經歷了一段可貴的感情，如果不難過，不就是可笑或可悲的一段愛情。

你認為自己用盡全力去愛過了。但你有沒有想過，**愛一個人應該會得到力量，而不是費盡自己的力量去愛人。**

其實，耗盡的不只是你的力量，還有你的信心與快樂。

放下，與原不原諒他無關，卻與你過得好不好有關。**放下那些執念，身上的痛與怨就會少了一些。若一直惦記那些不幸與不堪，懲罰的只是自己，而最不該受罪的人就是你。**你要相信，愛在那裡枯萎，也會在另一處萌芽。首先要把心裡的沃土整理好，如果你不願將怨恨放下，心只會越來越荒蕪。愛會生怨、生恨，而怨恨卻生不出愛。

每一次相遇都有它發生的意義，而最後的放手自然也會有它的道理。

假使在那一份愛裡你們曾經快樂，假使你們曾經在某段時光裡感受到幸福，那麼，這樣的相遇是有其意義。到了後來，你們在一起已不如以往快樂，另一方的離開，代表放手也是有它的道理，至少你們沒有再繼續消耗彼此的心力，不必再繼續徒增痛與怨。

既然他已經對自己誠實，你又何苦再繼續欺騙自己。他能走出去，自然你也能好好前進。

放下，不會是完全的遺忘或捨棄，而是將曾經快樂、傷心與不捨的那份愛轉化成養分，灑落在心中的沃土，等待另一份愛萌芽成長。

要相信一切會很好的。我們生命裡，會遇到很好的人、很好的事，以後也一定會再遇見的。

18_缺了某個剛剛好

一段事與願違的愛情，不是你不夠好；有時，只是你們少了某個剛剛好。

給害怕自己不夠好而壞了感情的你

最難過的是，你為他奮不顧身，他卻不願為了你再回頭一次。你不想再喜歡上任何人了，覺得愛讓自己好痛苦、好辛苦。

這時候，才終於知道再多的努力，也無法換到心想事成；反而是越努力、越認真，越讓自己更痛苦。即使心裡明白，有些人是來讓我們變得更好，而不是一直陪伴下去的那個人。但難受的是，都一直這麼告訴自己「會過去的」，怎麼還是遲遲無法前進呢？

沒人喜歡遺失心中的美好，可是一個人說要走，我們又何苦強留？有些遺憾是拒絕不了也抵擋不住的，只能一再說服自己，沒關係、沒關係，即使心裡還是非常在意。

都已經耳提面命的跟自己說，沒事的，會過去的，卻沒有看到任何進展。有的，只是前進的速度太慢，慢到你感覺不到。是真的會沒事的，是真的會過去的。照顧好自己的生活，一切便會慢慢變好，不用你特別努力。

愛未必是兩個很好的人在一起就能成立。它的成立往往需要很多的剛剛好，比方說，剛剛好的時機，剛剛好的契合，剛剛好他也喜歡你，剛剛好兩個人都想要繼續攜手向前。一段事與願違的愛情，不是你不夠好。有時，只是你們少了某個剛剛好。那個人即使離開，仍會在你心裡留下印記，它會在未來的人生中提醒你：既然已經走出來了，就要走得遠一點，帥氣一點。

有一天，你會希望現在的他是快樂的，唯有如此，你選擇放手才值得。

你有信心未來的自己也會帶著笑容，再次邁步前進，即使一個人仍從容地、懷抱期待地向前走。

你可以為愛奮不顧身，當然也可以為了自己勇敢直前。

家，本來就不會
永遠保護著我們，
因為早晚我們都會
離家獨立。

給以為有破碎的家就無法擁有
完整人生的你

在安穩的家庭環境中成長的人，應該很難想像殘缺不全的家是什麼模樣。家，有可能是支離破碎、搖搖欲墜的。最初都是從一個角落開始崩裂、損壞，起初是細微的裂痕，接下來整個結構慢慢傾斜、不穩、坍塌。有時，崩毀也在一瞬間。

或許你一出生，家早已是頹圮的廢墟，雙親無法給予溫暖。辛苦歪斜的童年，面臨許多自我懷疑和認同的困擾，你無法理解也無從反抗。在成長過程中，那些陰影就像是背後靈，一直纏繞在身上，彷彿是這一生沒辦法擺脫掉的，最恐怖的感覺莫過如此。

或許你的家是突然失能、崩解，不再能夠遮風擋雨，而在關係的拉扯與糾結的過程裡，無法提供安穩與保護，反而讓彼此傷痕累累。你心裡有種感覺，被撕裂的不只是你的家，還有自己的人生。

沒有完整的家，難免會痛苦，有缺憾。但別灰心，雖然沒了完整的家，你還是有機會擁有完整的人生。家，本來就不會永遠保護著我們，因為早晚我們都會離家獨立。別想著在這邊缺乏的就從哪邊補償回來，**不是任何人出現在你的生命中，就能替代家原本的功能，把自己生命的重量壓在他人身上，承擔你的不堪與脆弱，那樣只會將對方逼得離你越來越遠**。

不曾摔過，便不懂得如何小心留意。不曾痛過，便不明白沒事就是好事。不曾苦過，便不知道平順的美好。挫折與打擊固然是殘酷的，也不要輕易被擊倒，因為在人生中它不過是幾次驀然。但它又是不得不的經歷與轉折，卻也鍛鍊出自己深深的警戒與體會。雖然陣痛難免，但那終究能像壁虎斷尾般再次重生，讓你成為更好的自己。試著跟心中的陰影和解，且好好共處，畢竟你的人生還是得由自己來完整。

破碎的家不是你的錯，那是你無力改變的事實，若是為此而放棄自己的人生，那就是你的錯了。

把手握緊，什麼也放不進去；把手張開，你能得到的是一切的可能性。

他把不適合你的生
活帶走，留下你重
新好好生活，這樣
也蠻好的。

給不願正視問題的你

那個人就那麼離開了，沒有感到一絲猶豫遲疑。

在那之前，你們已經發生過好幾次的猜疑、爭吵、對抗與冷戰。你或許會為對方帶給自己的傷害與痛苦尋找一個理由，說服自己那是你們感情必經的考驗，只要撐過這次不堪的打擊，就能夠把已經支離破碎的愛慢慢拾回。然而，你內心隱隱明白真正的原因，只是不願正視也不想承認，那段傷痛的過程根本不是考驗，只是單純的不適合而已。

那個讓你懂得愛與溫柔的人，後來也是讓你體會到失望與傷痛的人。原來，**一旦喜歡了一個人，同時也給予了他傷害你的權利**。

但，遞刀出去的你是如此心甘情願。你沒有責怪，只是感到氣餒而已，對他的輕易放手，對他的毫無眷戀。

愛，確實會出現考驗，會忐忑、會爭吵、會傷心，會妒忌，會誤解，因為我們都是平凡人。在那些考驗裡，我們將會慢慢理解彼此，漸漸明白對方想要的是什麼，也開始懂得尊重、包容與釋懷。有時，在那些考驗出現之前，你早已隱約發現，那根本不是試驗，而是存在於你們之間的鴻溝與問題。因為愛的產生，是想要更了解彼此而在一起，沒想到卻因為了解對方而不得不分開。

面對不快樂的愛，不該再把自己困在裡頭，已經不願留在你生活中的人，不該再讓他繼續影響你的人生，望向遠方的虛無，不如好好感受眼前的真實。你給出去的已經夠多了，接下來請好好留給自己，以及身邊在乎你的人。愛是我們美好的一部分，但不是全部，我們還有很多事物值得花費心力，比方說家人，比方說朋友，比方說興趣，比方說自己。

愛，應該是一種錦上添花，不該當成人生救贖。

他把不適合你的生活帶走，留下你重新好好生活，這樣也蠻好的，不是嗎？

21_悲傷不該流於形式

那些悲痛、感恩與懷念的情緒是放在心裡，不必用場面的大小、人數的多寡或時間的長短來衡量。

給苦於傳統習俗的你

朋友幾年前結婚，我感到開心，真心認為她遇到適合的對象。因為老公是個溫和體貼的人，不然以朋友她那種說話直接、易怒沒耐性的脾氣，根本沒有幾個人受得了。我還開玩笑跟她說：「如果我是妳老公，早就跟你離婚八百次了」。

朋友老公的家庭是地方望族，她雖不至於稱為嫁入豪門，不過，夫家也算是家大業大的地主。婚後夫妻與公婆同住，兩個老人家都待她很好，讓她在融入新家庭的壓力減少幾分。但，偶爾還是會聽到朋友小小的抱怨，因為老公的家族人丁興旺，公公又是好客的個性，家裡幾乎每周都會有各種名目的親友聚餐，連她沒那麼討厭社交活動的人也大感吃不消。

老公的阿嬤九十幾歲高壽去世，時間正巧在農曆七月，也就是俗稱鬼門開的時候。依照習俗，家屬會盡量不在這段時間處理治喪事宜，於是公公決定等到農曆八月才出殯，因此守靈的時間拉得非常長，家族成員在那段期間，每天上班前都要先去靈堂上香，下班後再去守靈。

因為朋友還有個剛滿周歲不久的女兒，那陣子她每天要照顧小孩又要趕著去守靈。有一晚，朋友一邊安撫正在哭鬧的女兒，一邊被老公催促要出門前往靈堂，終於忍不住向老公發脾氣說：「每天守靈要家族全員到齊真是太奇怪了！為什麼不能大家輪班去？」

那晚，老公沒回話便自己默默前往靈堂。朋友告訴我，她事後靜下心，能夠理解在大家族裡難免會有許多親戚長輩指指點點、說長道短，可是她無法認同非得要勞師動眾，犧牲每個人的生活，把眾人的時間都綁在靈堂前，為何非要做到這樣的程度才算是展現孝心？

我能理解朋友對於家族重視習俗的無奈。在我心目中，喪禮的意義，是一種道別與緬懷的儀式，是對於亡者的尊重；然而，那些悲痛、感恩與懷念的情緒是放在心裡，不必用場面的大小、人數的多寡或時間的長短來衡量。

曾聽過從事殯葬事業的人說，葬禮那些習俗，對於亡者，並沒有我們自以為的那麼有助益。所有的儀式，全是做給遺族看的，是為了安慰遺族的情緒、滿足遺族的需求。也可以說是藉由那些習俗滿足心理或經濟上的需求。

悲傷是情緒，當人過世後，我們藉由儀式把悲傷形式化，我認為這樣的立意是好的。因為**悲傷是無形的，親人的傷心與悲痛需要一個具體化的宣洩出口，而喪禮則提供了適當且具體的安慰功能**。但，我們不該讓一切變得徒具形式，也不該為了形式而造成在世親友生活的困擾。

我相信，**對於亡者最大的安慰，不是在世者給予多麼熱鬧的場面，而是他所在意的人都能繼續好好生活下去**。假使一個人離開了，我們傷心，且一直傷心；結果是傷心的意義變成讓身邊每個人都愧疚，包括我們自己，並不是亡者所希望的。

你好好休息沒關係，
我們沒有人失望，
你不用道歉。

給幸好沒有失望的你

「此帳號的主人已經過世，很抱歉讓大家失望了，感謝這幾年的支持。（這則最後的訊息是由友人代發）」許久沒有消息的網友，終於在社群網站發佈動態，然而內容卻令人震驚。訊息發佈後，底下有許多人留言致哀，也有不少人表示難以置信。其中，有位網友的留言讓我印象深刻，他寫道：「好久不見，回來看看你。你好好休息沒關係，我們沒有人失望，你不用道歉。」

確實如此。一個人的離去，我們難免感到難過、遺憾或惋惜，很少會出現失望的情緒，因為我們鮮少會對他人有任何期望，沒有期望就沒有失望。除非是十分親近的人，才可能對彼此有所期望，有期望相對就有失望。因此，他並沒必要對我們這些在網路世界中才有聯結交流的人表示抱歉。

我猜想，他所說的「讓大家失望了」應該是指選擇了自我終結生命。但，每個人的人生歷程不容我們外人置喙，他的苦痛、辛苦與難受，沒有人能真正體會理解。當一個人對於自己的人生感到足夠了、累了、絕望了，想要好好休息了，雖然感到惋惜，旁人也只能尊重，沒什麼好失望的。

如果可以，我當然希望自己可以好好活著，好好善待自己與身邊的人，好好感受這個世界。萬一無法再好好的了，再努力也只是得到更多的灰心，甚至自己的存在對身邊的人只是沉重的拖累，選擇離開，說不定是「雖然難過，尚可接受」的決定。

我們永遠不會擅長將自己活成別人想要的模樣，終究是選擇自己想要的，才最輕鬆自在。

對於有些人來說，死亡並不可怕，而是那些存在於他生命四周只有痛苦卻沒有希望的感覺，才是真正可怕的。

一個人勇敢對抗了人生中的挫折、苦痛、傷害與絕望，現在決定要放下了、離開了，他沒有愧對，也不必對任何人抱歉，因為他已經奮戰過了。我們只要抱持著祝福的心意，因為他不必再忍受痛苦了，不用再勉強自己了，然後期待有一天，我們可以輕鬆地、愉快地重逢。

沒事了，你好好休息，我會盡力好好活著。

能拯救自己的不是愛，
而是在愛之前先學會
自愛。

給原以為合適是不會改變的你

那些說過愛你的人，最後都從你心裡帶走一些什麼後就離開了。最無奈的一種再見，是兩人從未說出口，但心裡卻清楚，一切早已結束。

你曾經以為只要自己還在身旁，他就不會孤單，也不會一無所有。後來才明白一切全都只是自己的一廂情願，而且輸得毫無保留、敗得傾盡全力。

之所以會感到悲傷，是因為心痛。之所以會心痛，是因為在乎。之所以會在乎，是因為有感情。受傷了，就找方法來療傷，原諒自己的脆弱與無助，因為你曾經好好愛過，曾經你們認為彼此很適合。

後來才明白，原來**所謂的適合是會改變的，即使兩個人的生活再緊密，起初都是一致的，最後還是出現了不同步的情形。**每分每刻的我們總不停在改變，有些是緩慢的，有些則是一瞬之間，有些是不知不覺，有些則是自己想要的。當然也有些是我們不希望對方改變的，而他卻變了。

後來的你終於體會，當時你問他的「為什麼」，或許並不是真的想知道離開的理由，而是想知道該做些什麼，才能留他下來。但，一切都不可逆了，改變了便難以再復原。

任何一條通往幸福的道路，終究是要流過淚的。沒有一條路可以直達幸福，唯有經歷過傷心與挫折，才會懂得真愛的可貴與難得。後來的後來，才會理解能拯救自己的不是愛，而是在愛之前先學會自愛。

願我們都能遇見那個人，那個不必用盡全力、不用費盡心思，就能好好在一起的人。

24_走散後，總會再相遇的

在淡淡的想起時，
好好的祝福，
無論是否能再聚，
大家都要好好的。

給與好友走散了的你

你是否也會常常想起某個人。不是那種糾纏的想念，也不是殷切的盼望，只是淡淡的想起。

很多原以為一輩子都不會忘記的人，就在庸庸碌碌的日子裡，不知不覺地被我們給遺失了，就像是過去以為一輩子都不會失去的，最後出乎意料地不在身旁了。你忘了是什麼時候開始失去聯絡的、變得陌生了。你們曾經無話不談，一起討論欣賞的對象或討厭的人，一起分享擁有的事物，一起徹夜狂歡，然而，那些都成了回憶的碎片。

人生真的很奇妙，有些人自然而然地出現在一旁，然後走著走著就散了。**未必是彼此之間有了什麼疙瘩或爭吵，可能是因為環境，或是距離，就這樣漸行漸遠。**好像會有這樣的模式，從陌生慢慢變得熟識，又從熟識慢慢變得陌生。還是會有這樣的人，明明不在身旁了，想起對方總感到熟悉、溫暖。

我們就這樣離散在歲月的風雨裡，經過時光的洗滌，那些同樂、同悲、同享的痕跡早已模糊難辨，即使曾經那麼用心陪伴。但，相隔兩地並不代表分離，失去聯絡並不代表忘記，沒有見面並不代表無情，每個人都有自己該過的日子、該背負的重量，那是無法與另一個人共同承擔的，於是，自顧不暇的我們不得不各走各的路。

難免會走散，什麼時候再相聚也難說。在淡淡的想起時，好好的祝福，無論是否能再聚，大家都要好好的。

Chapter 06

給糾結迷惘的你

你的人生
不需要更多的羨慕了，
需要的是信心，
需要的是愛。

給總是羨慕別人的生活的你

沒有人活著輕鬆，只是你看不到他們各自掙扎的地方。

我們總習慣把別人的生活看得輕鬆愜意，很有可能對方也是這麼看著我們。大家總認為自己沒有擁有的事物、沒有經歷過的生活比較好。事實上，很多人的人生可能曾被那些突如其來給撕毀，經歷了一段失魂落魄之後才終於重新振作，並將那些碎片一一拾起。每個人都是拚著命努力變好，就跟你一樣。所以，不必羨慕別人，只要盡力了，你也會變得更好。

任何人都有他各自的課題。難免對於某些事退縮與膽怯而裹足不前，或許也為了某些人不接納自己而煩惱難過，可能正為了在意的人離開而悲傷痛苦。但**如果沒有不順來對照，我們怎麼又會明白順遂是該珍惜的？如果沒有打擊來對照，我們怎麼會明白平凡是何等美好？如果沒有悲傷來對照，那我們又怎麼明白幸福是存在的？**

你是不是該給自己多一點鼓勵呢？讓自己相信，現在已經很好很好了。難免有一點小挫折，偶爾會有一些不愉快，你都能保護好自己的心，重新修補好自己的生活。任誰都難免有一些小缺點，多少有一點不足，也是慢慢讓自己變得更好的證明。請記得，我們永遠做不到最好，若是專注與人比較，心會一直飄浮不定也找不到靠岸的地方。

你要告訴自己，只需慢慢的構築起自己該有的模樣即可，參照別人是沒有意義的。跟著別人走，也許不會迷路，可是到達的地方真的是你想要的嗎？

或許你會覺得想要的生活好遠好遠，不如換個角度思考吧，那是為了讓你在不安、不晴朗的日子裡能夠抬起頭望向它。

假使現在的生活與你想像的不一樣，願你有勇氣將一切重新展開，不然就好好珍惜眼前的所有。

你的人生不需要更多的羨慕了，也不需要更多的恨了，需要的是信心，需要的是愛。過日子，不用模仿，更不要怨懟。過日子，就是好好地、慢慢地走向未來。

願我們不再心懷羨慕與仇恨地過日子。

我們真正需要的，
本來就沒有那麼多。

給想要的多過需要的你

或許你偶爾會感到洩氣，發現自己的生活不進不退，想要前進卻力不從心，光是維持別「倒退嚕」就已費盡心力。也許你偶爾會感到失望，覺得自己的人生不如預期，原以為自己能做得更好、日子能過得更快樂，沒想到忙得筋疲力盡，卻離想像中的自己越來越遠。

你是否曾想過，**自己的不開心，可能要歸咎於你想要的，多過你需要的；你想做的，多過你會做的**。

生活，不就是生活就好了嗎？不必想著要做得非常成功、做得非常完美，只要試著做出讓自己感到有趣的、自在的事情，就十分了不起了。如果真的很累了，真的不想努力了，真的想要放棄了，不妨將腳步放慢，停下來休息不是罪過，沒有好好照顧自己才是。

如果有一天，你不再期望自己出人頭地，也不是糟糕的大事。胸無大志也挺好的，可能是你已經了解什麼樣的生活才能得到真正的快樂，也可能是終於認清自己的能力已經到了極限，再拼命下去也只剩掙扎。我們真正需要的，本來就沒有那麼多，不如放下執念，過真正適合自己的生活。

有時，我們在忙著追求時，常常忘了正在費力奔跑卻早已喘到不行的自己。

有人說她不需要男生條件多好，若他能夠放下手上的手機，好好聽她說話，這樣已經難得了。有人說他不需要朋友時時陪伴，只要在他被人誤解時，能夠義無反顧出聲相挺，這樣已經足夠了。有人說他不需要家人身成名就，只要過得心安理得，可以經常同桌開心吃飯，這樣就滿足了。

任誰都有美好的那一面，可惜未必每個人都有能力發現，卻總是看到不好的那一面。我們總是很晚很晚之後才明白，自己要的其實沒有多麼複雜，就是有人願意陪伴，一起守護那簡單的日子。如此而已。

盡量善良，不要傷害人。盡量自愛，不要傷害自己。這樣就難得了。

想要達到好成果的
方法只有一種，
就是不斷累積那些
看似微不足道的小事。

給努力但別人未必看得見的你

有人說自己明明那麼付出了，為何還是有那麼多人嫌棄？自己明明那麼認真了，為何還有那麼多人覺得不足？自己明明那麼努力了，為何還有那麼多人批評？

但，這個世界就是如此。你付出的，如果剛好不是人家期望的，被嫌棄只是剛好而已；就算認真去做了，沒有達到對方的標準，還是會被認為做得不夠；即使自認已經非常努力了，可是結果卻慘不忍睹，當然會被人狠狠批評。

或許，有人會覺得委屈：「都已經盡心竭力，做得廢寢忘食，為何努力還不被認同？」

我只能狠心地回答你：「**你很努力是自己的事，與別人何干。**」

即使我認為在過程中學習到的處事態度、做事方法很重要，但很不幸地，普世的價值還是以結果論成敗。所以，只要我們做出來的成果，不是別人期望的，沒有到達對方的標準，與人哭訴自己確實已經很努力了，那都是多餘的，因為對方不知道、也沒看到，或是根本不在意，不理想的結果就擺在眼前，我們的解釋最後都會變成了藉口。**在這世上，沒有任何人可以對另一個人的努力與辛苦感同身受。**

假使你努力過後的成果不如預期，被人嫌棄、嘲笑或批判，難免心有不甘，難免感到徒勞，可是人生中總有許多明明努力不懈、卻無功而返的事情，你並不會比較特別。就算是被人罵、被人笑，即使這世界是以成敗論英雄，但我從不認為之前付出的努力都是白費力氣，我們都會在過程中獲得些什麼。努力過後還是可能不如預期，但不努力卻可以預期只有差勁的結果。

日本棒球巨星鈴木一朗有句名言：「我從不因為四、五天的失敗，就認為過去一整年所做的努力都是白費。」

不要期望自己的努力被他人理解，但一定要對自己有所鼓勵。你的所有努力，不是為了讓別人覺得了不起，也不是為了把誰比下，更不是要做給別人看，而是為了對得起自己，同時也是為了讓自己的人生變得更好。

上場時盡力做好，下場後讓自己歸零。既然要做，就盡力把事情做好，萬一努力過後成果不盡人意，要懂得看開，吸取經驗，記取教訓，下次做得更好就好。

要讓人信服，光是努力並不足夠，還要有亮麗的成績，他人才會心服口服。到底要努力多久才能做到呢？我也不清楚，可是**想要達到好成果的方法卻只有一種，就是不斷累積那些看似微不足道的小事。**

有時，好結果需要好運氣。但，我們要先努力，才有可能得到好運氣。

人生大部分的決定
都自己選的，
不選擇
也是一種選擇。

給以為沒得選擇的你

很多時候，不是我們沒得選擇，而是不夠勇敢。

我們總會把自己的生活想像成沒得選擇，但事實並非如此。你必須先承認自己的軟弱，不去怪罪任何人事物；想要過得更好，就得改變現況，先從承擔與勇敢開始。過去的每一次選擇，慢慢堆疊出現在的自己。如果現在的你可以願意好好承擔，那麼，未來才有機會成為自己理想中的模樣。

難免會想要將自己安處在比較穩定的狀態，於是想抵抗、阻擋某些事的進展，或是乾脆對那些事閉起眼裝作沒看見。但你要了解，安逸的生活註定少了變化，也難有翻轉人生的契機，就別在之後抱怨宛如一攤死水的日子，這樣只不過是在自欺欺人罷了。

假使決心選擇了改變，勇敢承擔自己的人生，過程肯定是辛苦的。可是辛苦跟命苦是兩回事，**辛苦是你為了自己的選擇付出心力而感到困難、勞累或痛苦，與命運無關，別把所有事情都推給命運。**

人生大部分的決定都自己選的，不選擇也是一種選擇。一旦你有了目標，即使路途蜿蜒崎嶇，沒關係，只要心裡明白自己將會走到哪裡，慢慢走，終會抵達的。

安於現狀，並沒有不好，那也是我們人生眾多選項之一。沒有人規定人生非得胸懷大志才行，想要安於現狀過著安定平穩的生活也是需要付出對等的努力，甚至要捨棄更多的事物。

先接受自己目前的模樣，摸索出自己想要的生活，接著就能仔仔細細的做出選擇。

有些人年少時意氣風發，卻晚景淒涼。有些人曾經一路坎坷，最後漸入佳境。無論我們選擇了什麼樣的道路，總是有高有低，不可能一路平坦，**要感謝所有的境遇，不管是溫柔，是挫折，還是感傷，是那些經驗豐富了我們的生命與心靈**。如果你覺得日子過於平淡，說不定在別人眼裡也是一種美好。祝你順利，就算無法事事順利，也願你無懼顛簸。

不必想要活得多麼耀眼，
或許我們可以從
普通的日子過起。

#給想尋求解脫的你

我常說要喜歡自己，要好好照顧自己，心裡也明白那並不是一件容易的事。還是有許多人活得好辛苦，甚至每天都有想殺死自己的念頭，那是我們無法想像的痛苦。

也有人會說「看開點就好啦」「要懂得放下啊」「要樂觀點啊」，若真的像這些話說得這麼簡單，他們也就不會活得那麼累，那些人可是用盡全身力氣才好不容易活下來。

別人給的傷害是一時的，自己給的傷害才是無限的，而他們也清楚活得辛苦的源頭是自己，卻遍尋不著可以解決的方法，無法解脫，而想解決卻苦無方法的痛苦更加重了原本的痛苦，一種無限循環。

但我仍要告訴你，要好好照顧自己，儘管不是件容易的事，也**不必想要活得多麼美麗、多麼耀眼，或許我們可以從普通的日子過起。**人生本來就是時而辛苦、時而美好，辛苦的時候往往比較漫長，即便如此，我還是覺得能活著真好。

我們**活著，只需要明白每個人都有差異，自己不是異類。正因為每個人不同，這個世界才會如此豐富而有趣。**

慢慢來，黑夜會遠去，白晝會來到。

6_不必等人撐傘

面對那些失望，
眼睛一閉就過去了。

給總是期待有人能幫忙的你

你對此感到無奈，那些有能力的人為何連小小的舉手之勞也不願幫忙，對你的無助視而不見；你也許十分憤慨，明明應該是一起完成的事情，怎麼到最後卻是要你獨自處理；你可能很氣餒，那個當初答應會出手援助的人最後卻出爾反爾。你不懂，既然做不到的事，為何還輕易給人承諾。

在生活中與人交流，難免體會到人性的黑暗面。有的人自私自利，不體恤也不關心他人，吝於對人付出。有的人做事推諉卸責，愛佔人便宜，總把不想做的麻煩事推到別人身上。有的人看似善良熱心，總是輕易答應別人自己做不到的事，給人希望，最後卻帶來絕望。

遇到那樣的人、那樣的事，難免會沮喪灰心，可是靜下心好好思考，會發現其實他們沒有義務要對你伸出援手。**面對那些失望，眼睛一閉就過去了，若是越執著，它就越會纏著你。**有些人，笑一笑就算了，你一直在意，人家卻還不以為意。

那個人有傘，未必願意替你撐，也可能來不及走到你面前，你的世界早已氾濫成災。人生難免有風雨，最後我們是否能成為理想中的自己，不是取決於平順時的表現，而是面對逆境時的態度。**無論如何，終究要靠自己。也因為只有自己，該放鬆時就休息，該認真時就別散漫。相信自己，也提醒自己。**

總有迷惘的時候，只能試著面對與處理，並且相信一切終能撥雲見日。與其等人撐傘，不如讓自己也可以在雨中漫步。

不想再累下去的話，
就要學會取捨，
值得背負的才留著，
令自己不快樂的
則趁早放下。

給因得不到而不快樂的你

可以帶來快樂的，未必是取決於擁有多少，而是能夠放下多少。

我們經常過著汲汲營營、忙忙碌碌的生活，追求著這個，追求著那個，不停在盤算能得到什麼。卻不自覺地在拼命的過程中失去了自己，遺忘了什麼才是快樂。

一直背負著，肯定會累，想要輕鬆，唯有放下。不想再累下去的話，就要學會取捨，值得背負的才留著，讓自己不快樂的則要趁早放下。前面的路還有一大段要走，總是得學會摒棄些什麼的，那些未必是自己真正需要，就別讓它壓垮你的生活。

我們都想安身立命，不過在得到滿意生活之前，必須要以正面的心態來面對那些不滿意。不可能天天是晴天，有了雨天，才顯得晴天的可貴。更何況雨天也蠻好的，讓我們有理由靜靜待著，好好休息。

如果自己無法調適，很多東西就算是別人想給，你也未必能得到，比方說愉悅，比方說安全感，還有良好的價值觀。

我們擁有的，往往比自己以為的還要多。**有些理所當然的日常，對某些人來說，卻是用盡全力也未必能獲得的不平凡。**總愛抱怨自己沒人在乎，只是習慣性用自己的不滿足遮蔽雙眼。試著關注自己內心真正的需求，而不是看見別人搶著要，自己也隨波逐流。

雖然對於放下難免還是會不捨，但是我相信你漸漸能夠理解隨遇而安、貴在知足的意義，不是所有的事情都能如自己所願，也不是所有能緊抓著就會滿足，**如何與失去共存才是真正的擁有，如何去面對無常才能獲得內心的安穩**。願你能在接下來的日子找到屬於自己的快樂。

試著讓自己
不要在意那些
匪夷所思、
無法控制的事物，
才是根本之道。

給對許多事都太在意的你

我明白，如果可以選擇，你也不想這樣過日子。

事情可以多、可以忙，但不能沒道理。自己做錯了，可以說，可以罵，但沒發生的事怎麼能亂說話。生活從來不是自己過就好，人與人之間總會出現許多匪夷所思的事情與話語。

有人可以下午就不承認自己早上說過的話，翻盤比你翻白眼還快。有人很會講怎麼做，事情真的來了卻什麼都不做。有人明明跟你沒交集，卻在別人面前評斷你，彷彿像是研究你的專家。我明白你難免會感慨，不過還是要提醒自己，我們的生活不該跟著無關緊要的人轉，不該為了無法改變的事煩，無論如何，請先照顧好自己的心情。

人生總有太多莫名其妙，但既然明白是莫名其妙，那就是常理無法判斷，又何苦為那些無理可尋的事一再為難自己？讓它們過去吧！不在意了，什麼事都無法影響我們。

有些人習慣用衝突與指責來面對問題，我也不是沒脾氣，可是我明白情緒是無法解決問題的，往往只會讓問題變得更大。我寧願把時間花在事情本身，先找出解決的方法，該檢討的缺失、該發洩的情緒，事後再找適當的時機來處理。

當你的負面情緒一爆發，有時在別人眼中，只會認為你在小題大作。現實世界裡，沒有人想探究你的背後到底有什麼樣的故事，沒有人會明白你是如何被輕視，也沒有人知道你等待那雙拉起自己的手已有多久了。沒關係，該宣洩情緒請找時間好好傾吐，沒人理解你也無妨，你的故事就由你自己繼續寫下去。

要慢慢習慣有些事不必過多解釋，也要慢慢懂得有些情緒沒有人可以分享，不如乾脆自我消化、自我沉澱。故事可以說給想聽的人聽，但有時候，明明是童話故事也會被聽成懸疑故事，然後再被傳成鬼故事。

因此，試著讓自己不要在意那些匪夷所思、無法控制的事物，那才是根本之道。

9_不讓無能為力的事為難自己

人生就像是電玩遊戲，
不斷地死去、失敗，
又不斷重生再來。

#給因煩惱而導致心有委屈的你

過去的我，遇到一時的不順遂，便容易沮喪心煩，甚至怨天尤人。現在的我，學會了盡量隨遇而安、順其自然。並不是我的修養變好了或個性改變了，只是已經明白有些事既然無能為力，又何苦白費心力。不是不在意，而是明白人生就是無法事事盡如人意。

若說我從歲月學到了什麼，應該是明瞭何種的生活方式比較適合自己：**不煩無能為力的事，不做無法認同的事，不求無法控制的事。**不開心、不順遂的時刻難免，但我已經學會如何調適心態與排解情緒。我深知自己不是積極正向的人，就得靠讓身心舒暢的事物與活動來轉移那些負面思考。

我們終會明白什麼才是生活中該注意的，每個人或許不同，對我來說，就是**不再委屈自己，內心一有委屈，生活自然不會自在愉快。**

看淡，不是無所謂，而是不再讓無能為力的事為難自己。

認同的人自然可以好好相處，不認同的人怎麼也交心不了；喜歡的事自然可以堅持，不喜歡的事怎麼也長久不了。我們未必天天都能遇見認同、喜歡的人事物，可是沮喪、煩躁和抱怨並不會讓眼前的生活改善，只會使自己的情緒越來越壞，心煩了，生活也就跟著變糟了。

人生就像是電玩遊戲，不斷死去、失敗，又不斷重生再來。

過去的那些不順遂、不開心的人事物，我覺得都是一種學習與成長。你現在會沮喪、心煩和抱怨並不丟臉，那是很正常的反應，我也是隨著經驗累積、心智稍微成熟，才懂得看淡與順勢。那些挫敗都會過去的，**生活原本就沒有過不了的坎，只是傷口大小的差別而已，只有時間長短的不同而已。**

說不定一段時間過後，會聽到有人稱讚你為人處事不急不徐、有條有理，而你會偷偷在心裡苦笑，感謝老天，讓你遇見那些給你上了一堂又一堂人生課的人們。他們讓你明白不是這世界變得糟糕，而是它本來就是這樣運行的，我們也只能順應一段又一段的起伏。

時光流逝在無意識之間，每一個日子都是餘生，無論如何我們都不能在不好的情緒中度過。

有些地方總要彎彎
繞繞才能到達，
或許路途疲憊，
或許腳步沉重，
好好睡，好好哭，
我們都會抵達的。

給把結果看得太重的你

任何人都有做錯事、說錯話的時候，只要記取教訓，願意改進自己犯的錯就好。任誰都會有做不到、做不好的時候，只要曾經用盡全力並且無愧於心，雖然結果不如預期，至少已經努力過，就坦然承認力有未逮，試著把挫折變成人生的養分。

別人對我們的批評指教，那些用心良苦的叮嚀請好好記得，而酸言酸語的廢言就別放在心上。別怕做錯，別怕做不到，最重要的，仍然朝著自己訂下的方向前進。

這世上有兩種人，一種是過日子的人，另一種則是好好過日子。過日子的人，一忙起來，窮忙、瞎忙，忙得沒有方向。閒下來時，只是無所事事、虛度光陰。好好過日子的人，就算再忙，也會讓自己忙得有目標。空閒的時候，也會讓自己空閒得有意義。要找到目標、找到意義，並不容易，但可以不用先設得太遠大，下班後能夠好好地喝杯啤酒配鹽酥雞也蠻好的。

朝著自己的生活目標努力，好好學習，不斷提升自我能力。這個社會充斥著各式各樣的偏見、標籤，難免令人灰心，唯有不斷地證明自己，用自身的能力破除偏見。

前美國總統歐巴馬也是教育他的孩子別怕打擊與失敗，他說：「我們試著教導她們成為有韌性的人，教導她們追逐希望，在世界末日真正來臨前，並沒有世界末日。被擊倒了，就站起來，拍拍身上的灰塵，然後返回工作崗位。漸漸的，這已成為她們的處事態度。」

有人說成功很簡單，只要在正確的時間，以正確的方式，做正確的事。所以我們都在尋找正確的目標，可是什麼才是正確？我覺得沒有標準答案。對我而言，能夠做自己想做的、喜歡的事，然後盡力朝著目標奔跑，就算跌跌撞撞，就算還沒抵達，那就是一種成功了。

別把結果看得太重，這世上到處都是徒勞無功的事情，你不會比較特別。事實上，我們都會在過程中獲得什麼的。即使努力好久仍是功虧一簣，但不努力就什麼也得不到，沒有事情可以不勞而獲。

上台時盡力做好，落幕後懂得釋懷。我們努力將事情做好，萬一在努力過後還是做得不夠好，請懂得釋懷，只想著下次如何能做好。若之後成功了，這次就不是失敗，而是經驗。只要能抵達想去的地方，繞了一些路也沒關係。

有些地方總要彎彎繞繞才能到達，或許路途疲憊，或許腳步沉重，好好睡，好好哭，沒事的，我們都會抵達的。

忙碌了一整天之後，
留給自己一段
空白時間，
給自己一點思考、
回顧的時間。

給忙碌到忘記如何生活的你

我們老是為了生活而忘了好好生活。總在不知不覺中，把生活過得忙碌不堪，忙碌到讓人遺忘了可以緩緩散步看周遭的風景，忙碌到讓人遺忘了身邊那些在乎自己的人。

或許是身不由己吧，也許是苦於應付吧，每天除了做自己的事情，還要應付各種的競爭、卸責、虛偽，以及不可理喻。為了生活，也只能將自己武裝起來，不得不咬緊牙關撐下去。但，生活中有太多的突如其來、太多的不可抗力，因此，我們要時時記得保有自我是多麼重要的事。

通常是相信會苦盡甘來，才會自討苦吃的吧？可是，有些苦未必是你非得承受不可，也不是所有苦都一定有回報。不妨先靜下心思考，目前讓你辛苦的一切是否對自己有意義？沒意義的，是否要趁早放棄；而且**持續做自己認為沒意義的事，並不會突然變得有意義，你得自己評估這一切是否值得用生活來換。**

是不是非得要等到發現一切都有期限，才會想起要費盡力氣握在手心？可是往往當意識覺察時，卻為時已晚。握得越緊，流失的越多，最後只握住遺憾。

過去的你總認為平凡無奇的生活實在太悲哀了，於是一直不安於現狀，後來才體會到那樣的平靜與安穩是多麼難得。或許，那些都是為了讓自己理解平凡的美好而必須繞的遠路。

不如先試著做出一點點改變吧。在忙碌了一整天之後，留給自己一段空白時間，給自己一點思考、回顧的時間。可以在睡前，可以在洗澡時，也可以坐在書桌寫下來。讓自己暫時與外在世界脫離，讓自己與自己相處，讓心靈得以休養。

哭過了，記得笑；太累了，記得休息；太忙了，記得給自己時間放空。做一些自己想做的事，好好享受當下。日子再忙，我們都要盡量健康快樂。如果快樂太難，至少要讓自己健康。

12_成長是唯一的途徑

很多人都希望被人信賴、被人喜歡，但能推動職場人際關係的，還是自身的能力。

給以為努力過就好了的你

做一件事時，過程中的努力與經驗很重要。萬一沒有完成任務、沒有達到目標，即使你再努力，也不要一副理直氣壯地想要搏得其他人的肯定，或許你對自己的努力投入問心無愧，但對別人來說，他們要看到的是漂亮的成果，至於過程中能獲得什麼，那是你自己的事。沒做到，別人只會認為你能力不足，稱讚你努力付出並不是天經地義。我們最好的態度，就是保持自省改進、謙虛謹慎的心。

努力把事情盡量做好，萬一在努力過後還是做得不夠好，也要懂得釋懷，把這次的不足在下次補足。**很多人都希望被人信賴、被人喜歡，但能否推動人際關係的助力，還是憑藉自身的能力。**

這世界雖然有溫暖，卻也有現實的一面。如果你不夠優秀，能力不高，名聲不好，那麼，你身邊的人脈大多也是毫無價值的。**有價值的人脈不是靠交換聯絡方式就能獲得，而是要靠「你」才能吸引過來。**假如希望身邊都是熱心的人、有能力的人，你就必須先成為熱心的人、有能力的人，這是所謂的物以類聚。

不要總是嚷著「都是被生活逼著走的」或「都是爸媽的決定」，還是「都是誰誰誰叫我做的」，確實難免會有不得不面對的壓力、無奈與情緒勒索。可到頭來，我們會發現並沒有什麼是真正無可奈何的，只是你必須付出一些代價，經過一些陣痛，而你是否願意罷了。試著讓自己成長，變得更值得信賴，變得更從容自在，變得更懂得人情世故。或許誰也無法保證你可以變得多麼優秀，也無法知道這段時間需要有多久，不過可以預知的是，好好對待自己，認真面對生活，總會有破繭而出的一天，你不再被他人的眼光束縛。

期盼你可以再多擁有一點自信，懂得自愛，必要時也可以展現自私。**自信能夠使人安心，自愛能夠讓人尊重，自私能夠免於受人傷害。**

懂得拒絕那些不該由
你承受的責任，
或是不該由你付出心
力的事情，
那才是對自己好。

給不敢拒絕他人求助的你

與其急著給自己貼上好人的標籤，不如先貼上「無誠勿擾」的警告。

或許，你也是一個習慣說「沒關係」的人，我也是。我總認為不要跟人計較，彼此互相體諒，大家方便做事就好。時間久了，慢慢發現，有些人未必會跟你不計較，未必會跟你互相體諒，他們只圖自己方便，老想著佔你便宜，也不會感謝我們的好意。後來，我試著對那些不懂珍惜自己好意的人設下底限，不再一而再的被人利用，然後保持適當的距離。

拒絕別人不是容易的事，不過，拒絕糟糕的人絕對是一件值得做的好事。我們可以隨和，但要學會不委屈自己，什麼事都說好，有些人也未必會認為你好。

懂得拒絕那些不該由你承受的責任，或是不該由你付出心力的事情，那才是對自己好。假使一直不拒絕，某次你只是稍微遲疑，說不定對方還認為你不識相。

善良是優點沒錯，卻不能成為你的弱點，這世界上有太多人，喜歡靠近只要送上一句「感謝」，就甘願給予的濫好人。你的好心多了，就變成軟弱；他們的感謝多了，就變成理所當然，一旦某天你要拒絕，人們必定會失望，因為早已經習慣了你的使命必達。**做人要有自己的脾氣，當事情不是自己想做、該做的，就要適當表現出強硬的態度。所謂體貼，必須看是用在誰身上。**

「拒絕」並不代表拒絕一個人，而是拒絕那件事，更不是否定兩人之間的關係。當你拒絕別人時，不妨以這樣的角度來思考，就不會怪罪自己或是感到愧對。你只是在這件事無法幫忙，之後若有能幫上忙的地方，你依然願意全力以赴。

人生最大的課題，
往往不是怎麼
改變自己，
而是怎麼接受
現在的自己。

給害怕那些經歷白費的你

無法重返青春，已經錯過的人事物就讓它過去吧，過去的很難再回來，即使回來了，往往也不是原本的模樣。

我以為自己應該算是成熟了，往往等到遇見了另一個狀況，才發現自己根本沒有，原來**人生總是準備不同的課題要我們一再學習**。

隨著時間齒輪轉動，我們經歷了一些事，也遇見了許多人，心境與想法確實也慢慢變得不同。與這個世界不再那麼不同調，像是開始熟悉路況與規則的新手駕駛，懂得保持安全距離，卻也明白如果不禮讓那些違規超車亂插隊的車，到最後吃虧的反而是自己。

面對人，不再期望個個溫柔敦厚；面對事，也不再期待次次一帆風順。在看不慣的人面前，開始試著言不由衷；在不熟悉的人面前，也懂得適時裝腔作勢。漸漸體會到獨善其身未必不好，能把自己眼前的事處理得好，能把自己的身心照顧得好，就是一件了不起的事。

在經歷了一些事情以後，我有了一些體認，為了將來而努力的現在，不管是感到辛苦，還是快扛受不住的痛苦，甚至努力過了也未必能保證人生高枕無憂。

那些複雜難解的選擇，那些無法預知的阻礙，一定都還存在。不過，我們曾經盡心竭力的那些事，能夠讓我們慢慢建立信心去面對自己的軟弱，成為引領方向的燈塔。

我們努力度過的每一個日子，絕非沒有意義。**因為每一次的迷途，才有後來得以預見的捷徑。**生命中的辛苦、挫折與淚水，全都不會白費，都有它留下的意義。不急著改變什麼，人生最大的課題，往往不是怎麼改變自己，而是怎麼接受現在的自己。

適當的宣洩不滿
與阻止惡意，
有助於身心健康
也讓對方適可而止。

給遇上充滿惡意的你

也許你跟我一樣，本來納悶為何某些人經常在人前秀下限。才發現最有可能的原因是，他們的世界裡根本沒有下限。

有些人沒有同理心，無法體貼他人的感受，總是會用理所當然的口氣去詆毀人，用輕蔑的態度去對待人，用自以為是的價值觀去評斷人。無視其他人是多麼無助的、掙扎的或是痛苦的，不解的是，這種人往往還認為自己善良又公正。

有些人是滿腹惡意，卻偽裝友善，若你明知道對方的偽善而不說破，看到對方的糟糕也不去評斷，想說這是自己對他僅存的善意。但，有時你故意留下的一點餘地，他還是選擇把自己放在懸崖邊，逼人不得不把推他下去。

對於身邊慣常欺負你的人，或是心懷惡意接近你的人，請不要忍耐，忍耐未必是好的，說不定對方還覺得你習慣承受惡意。

你未必要衝動反擊，而是適當的宣洩不滿與阻止惡意，有助於身心健康也能讓對方適可而止。

我們要學習分辨什麼樣的人值得信任。有些人說話很粗俗、難聽，內心卻是善良的，願意力挺朋友；有些人說話很斯文、好聽，但內心卻是充滿惡意與算計，這樣的人比什麼都可怕。有些人說好聽話的背後通常都有目的，也有對你說難聽的實話才是真正關心你的人。這樣的人或許不討喜，至少他不會害你。

願我們都能成為體貼他人、明辨是非善惡的人。

16_哭一哭就沒事了

哭一哭，會釋懷的，
再笑一笑，終會過去的。

#給不斷逼迫自己硬撐下去的你

哭，不能解決問題，但有時哭一哭就沒事了。

哭完了，情緒得以抒發，就可以坦然面對眼前的困頓與難關。

哭，或許是種示弱。不過，偶爾在人前展現脆弱的一面並不丟臉，只是我們願意開誠佈公說出自己沒那麼百折不撓，宣告自己也有暫時休息、認輸的權利。

人飢己飢是美德，但總要先顧好懷裡的火光，才能給予他人一點溫暖。在善待別人之前，先求不虧待自己。

逞強，就像是在狂風暴雨中撐起傘，不只全身濕透了，傘也壞了。**偶爾認輸，偶爾休息，我們的人生並不會因此一敗塗地。相反的，不斷逼迫自己硬撐下去，總有一天，只會輸得徹底。**

長大，最無可奈何的是明白人生有太多的身不由己與力有未逮。遇上了那些無可奈何，不如就哭一哭，會釋懷的。再笑一笑，終會過去的。

不必強迫自己事事都要用正面態度來看待，而是學習該如何面對負面的情緒。想擁有開心自在的生活，就不要只想著「開心自在」，而是要先接受人生一定會有悶悶不樂、不順利的時刻，允許自己有傷心、悲哀的情緒。最重要的是，要找到排解情緒的方法，或許是運動，或許是聊天，或許是旅遊。總之，不要過度壓抑自己，才能更接近開心自在的生活。

我們沒有那麼強大。那些挫折與傷害也是。

別在不懂你的人身上浪費太多時間。

給很想對別人解釋的你

當別人認定你是錯的時，就算據理力爭，也會被認為是強詞奪理，以為你欲蓋彌彰。當別人不喜歡你，就算你保持友善了，也會被認為是虛偽做作，以為你心懷鬼胎。不解釋，你覺得委屈。反應了，又被人認為是狡辯。生氣了，還會被說成是惱羞成怒。

雖然無法被理解，雖然感到無奈，當他人對自己有誤會時，該說的、該做的都試過了，這時也只能姑且默默忍受。**清者自清，濁者自濁，只要問心無愧，你的一言一行與處事能力就是最好的反駁與抗辯，**不必再證明自己，要相信日久見人心。

與其過分在意他人的想法，不如做好自己該做的事情。別把自己想得很重要，要認清在別人的世界裡，無論你成績多麼優秀、能力多麼強，也不過只是個跑龍套的角色而已。所以，凡事對得起自己就好。

生活中的煩惱大多是來自於人，因為想被人喜歡、被人接納、被人認同。其實你最該喜歡、接納與認同的人是自己。我們不可能讓每個人都喜歡，任何人都可能不認同我，我很清楚自己有很多缺點，即使如此，我也不會為了自己無法控制的事而難過太久，我還是喜歡自己、接納自己、認同自己。不管別人是否喜歡，我自己很喜歡，這才是最重要的。

人生還有很多目標要達成，生活已經不輕鬆，別在不懂你的人身上浪費太多時間。

18_缺點的另一面是進步的空間

那些不好的，
會讓你更好。

給害怕做錯而無法翻身的你

你是否也曾這樣懷疑過自己？明明盡了力，卻沒有看到實質的成效。你以為沒問題的，最後卻發現做錯了，之前的付出無法獲得一點小小的回報，費盡時間與心力的成果，人家卻輕而易舉就做到了。你感嘆這個世界真不公平，很不服氣，可是現實生活在在告訴你：你很糟！甚至身邊的人也會指責你：你很糟！

即使如此，你也要提醒自己：那些不好的，會讓你更好！

每個人都有缺點，但，**正因為有缺點、有不足的部分，才有讓自己變得更好的動力與空間。**

犯了錯難免會受到指責與批評，我們當然必須自責檢討，但不必自輕自賤，也不用讓自己做起事來動輒得咎。**任誰都有犯錯的時候，想要最快速的成長、深刻的學習，就得經歷那些挫敗與打擊，那些不堪與難受終會轉化成一種提醒，讓你往更好的自己邁進。**

有些錯誤造成的傷害，或許難以彌補，也只能用餘生證明自己對得起那些挫敗經歷。

你可能會擔心自己做不到，害怕受到責罵。害怕未必全然是不好的，那是一種本能，提醒我們可能有危險、要小心。勇敢的人並非不害怕，而是願意面對自己的脆弱不安。優秀的人未必是不怕，而是不逞強，懂得虛心學習自己的不足。

希望你明白，真正的自信是清楚自己的能力，相信自己就算沒做到也不會一蹶不振，從失敗找到下次的轉機。真正的自信，只能從累積經驗、從學習的智慧裡紮實地獲取，並不會認為「單純地相信自己能成功」就能夠成功。

願我們都能坦然面對缺失或挫敗，不再自怨自艾，不再自欺欺人。

不要天真以為成功的人都是刻苦、努力，才會獲得那樣的成就。

給誤以為很努力就會成功的你

希望你不要再相信「努力就會成功」這件事。

從小我們就被教育「只要努力就會成功」，我覺得那是帶著偏頗的觀念，會讓人誤以為成功真的能夠操之在己。或許，讀書考試這回事，確實是認真努力就有機會獲得好成績，考到所謂的明星學校；不過，出社會之後，卻未必認真努力就一定有傑出的成果。

親愛的，希望你要記得：**想要獲得成功，個人的努力只是基本，更重要的是要有眾人的幫忙**。

出了社會，進入職場，你會發現努力工作的人非常、非常多，可是實際成功的人卻非常、非常少。或許說他們運氣好也沒錯，但我認為運氣也需要自己創造。我曾寫過：「想要往上爬，也得要你先願意抬起腳」，想要發財，也得要你先出門賺錢，或願意出門買張樂透彩券？

願意做，努力做，這是基本。很多時候，運氣與機會是需要別人給予的。假使沒有人願意給你機會，成功的可能性將大幅降低。當別人願意給我們機會，或是樂意伸出援手，那是非常難得的事情，人家未必要給你，也不是應該非得給你不可。如果你沒有珍惜他人的願意給予，日後將很難再獲得機會與幫助。

不要天真以為成功的人都是自己刻苦、努力，才會獲得那樣的成就，事實上，我們並不清楚他在人生中得到多少貴人的機會與幫助。

成功並不只是操之在己，除了自身的努力，好好善待身邊的人，給予他人協助，別人更有意願回饋於你，也會願意善待你，給予你所需要的協助，這是一種良善的循環。

我始終認為，成功之所以困難，是除了個人努力之外，還要加上善良，以及懂得珍惜與把握機會的心態。

一直等待，一直忍耐，
未必會有回報，
也有可能
一輩子都會輸下去。

給待在體制內溫馴如羊的你

人生路上，我們總不停地向前進，卻也避免不了來不及的時候。看著那些錯過，很多人太習慣等待與忍耐，執拗地相信等待總會有結果，鄉愿般認為忍耐終會有回報。那些愛啊、青春啊、友情啊或是機會之類的，就如此一點一滴被消耗殆盡。

一直等待，一直忍耐，未必會有回報的，有可能一輩子都會輸下去。輸掉愛，輸掉學業，輸掉生活，輸掉工作，最後整個人生都輸掉。社會是現實的、自有它運作的模式，我們不能超越這個模式過日子。

這個模式的規則，其實都是那些贏得地位、權力與金錢的人所制定的，大部分的規則都只是那些既得利益者為了圖利自己而定下來。必須在別人制定的模式下過生活，你聽起來也許會感到灰心，其實我們是可以選擇的。你可以選擇安於現狀，繼續等待、忍耐與禮讓，讓人生持續平淡或輸下去；另一個選擇就是讓自己試著前進、成長，讓自己有能力、有智慧，突破現狀，習慣社會的運作模式，甚至改變目前的規則。

生活是瞬息萬變的，很多時刻是與自己認知的現實完全不同，若只看表面你就輸了。不管是在學校學習，還是進入社會工作，或者是戀愛、與人來往，我們往往都只想像自以為的模樣，可是在中途就會發現根本不是那麼一回事，一切都是自己先入為主所造成。所以你要試著給自己更多想像、更多信心與更多努力，面前永遠只會有兩個選項，一個是繼續讓自己待在想像的模式裡，在現有的社會運作裡忍耐；另一個就是認清現實的殘酷，雖然辛苦，咬緊牙關，努力改變，卻可以由你來決定自己的生活。

如果你還是學生，青春千萬別白費，希望你好好學習，**雖然學歷並不是成功唯一的要素，但在社會現有的運作規則之下，學歷能夠讓你在未來有更多的選擇與可能性，進而擁有更多自由，有機會改變規則。**多閱讀、多思考，讓自己變得有能力、有智慧。但，你的生活不該只有讀書，有時間可以參與社團活動、從事義工，試著多體驗世界，多接觸不同圈子的人。

人生的道路不會只有一種選擇，所以更要好好體會生活，活出自己的可能。不要再等待、更不要忍讓，要努力，要改變。你一定做得到。累了，可以暫停、可以休息。輸了，可以再努力、再學習。等休息夠了，學會了，我們還是要繼續向前。

適時放手是對的，
可是
別讓自己太輕易就放手。

#給刮出「銘」字就想要放棄的你

——有些事，就像是玩刮刮樂，刮出「銘」字就該放棄了。

曾經看過網友分享這句話，提醒大家對於明知沒有結果的事就不該執著。那時，只覺得用刮刮樂來比喻，實在很傳神，刮出「銘」就知道是「銘謝惠顧」，不該再浪費力氣繼續刮下去，是個拿來提醒自己適時放手的金句。

但我仔細思考後，刮刮樂這件事其實很簡單，根本沒花你多少時間與力氣，應該不用這麼快就放棄吧？

小時候只要口袋裡有一兩塊錢，我就會跟朋友去雜貨店玩抽抽樂，俗稱「柑仔店」的店裡陳列著琳瑯滿目的抽抽樂，基本上每一格都有獎，只是大小獎的分別而已，可以得到糖果、小點心或小玩具。印象中看過有幾款抽抽樂的獎籤，上面除了印著對獎的圖案，最底下還印有「銘謝中獎」。對，因為統統有獎，所以沒有「銘謝惠顧」，而是「銘謝中獎」，小時候不覺得這個名詞奇怪，現在看來卻好像邏輯不對，也不能說他錯，難道人家不能感謝客人中獎嗎？

刮出「銘」，是有可能出現「銘謝中獎」的，即使機率不高，沒花你多少時間與力氣，不如就再試試看吧？

我並不是凡事都能堅持到底的人，卻是那種想做某件事若沒嘗試過就會心裡難受的人。一旦做了，必須確認這條路最後是死路才會斷念，也就是一定要刮到「銘謝惠」三個字出現才會放棄。當然，這是我評估過投入的那些時間、心力是自己可以接受的。

覺得不如自己期待的就認為不適合，認為不適合的就打算放棄，可是沒有試著努力就決定放棄，類似的情況將來還是會出現。**遇到問題不解決而選擇逃開，問題並不會消失，只是不去面對而已。任何人事物，沒有真正的適合，只有願意嘗試磨合。**無論是工作、愛情與人際關係都適用這段話。

適時放手是對的，可是別讓自己太輕易就放手。

成長，就是一連串的摸索，以及自我懷疑。

給從不覺得已經長大的你

當我們還在想像裡猶豫徘徊，現實早已在我們身上來回輾過，輾得面目全非，不再是原來的自己。或許你會感慨，很多人都有歸途，只有自己還在找路，找一條可以安身的路。**成長，就是一連串的摸索，以及自我懷疑。**

誰都有迷途的時候，也有擔心遠行的時刻，有時候想像太多或牽掛太多，反而無法下定決心一個人去探索、去流浪，想要明白自己是否一個人也可以過得好，想要試試自己還有什麼樣的潛能，卻跨不出那一步，只是待在原地猶豫徘徊。

親愛的你，一定可以的。明白自己有什麼不足就是一種智慧，承認自己不夠勇敢更是一種勇氣。正視自己的不安，然後與之和解、放下、改變，才能召喚內心的勇氣，改善自己的缺點。

長大幾乎是步履維艱的過程，我們必須一次又一次小心地在各種逆境中逢凶化吉。事實上，我到現在都還不認為自己已經長大了、成熟了。

縱使路途蜿蜒崎嶇，哪怕日曬雨淋，始終遲滯不前，眼前現實沒有改變，只要一步一步踏出去就好，步履不停，重心不穩也沒有關係，只要還能前進就能找到路。

假使一時找不著路，試著找到一個適合的地方把不安收妥，找到一個可靠的夥伴一同出發，即使困惑、即使看不到路，抱著所剩的勇敢，不慌不忙在迷失裡探索，不疾不徐在起伏中前進。

理解你堅強的人一定會好好抱抱你的，我們會明白那是用許多傷與許多苦換來的。**萬一這個世界暫時不給予溫暖，沒關係，我們自己發熱。**願你努力、成長、茁壯，有一天能夠穿過周遭的輕視與冷漠，掙脫束縛，破繭重生。

生活會給予我們很多任務，
接到後就把它好好完成，
遇見的每個人
都盡量溫柔以待。

#給不把小事當一回事的你

人生沒什麼大事，都是由很多很多小事組成的。喜歡的事，討厭的事，開心的事，麻煩的事，悲傷的事，例行的事，無關痛癢的事，突如其來的事。如果討厭做什麼，就盡力別讓自己做那些事，把它當成人生目標努力避免，這樣的人生也算是有個方向。

只要是自己認定討厭的事，就是一件單純「討厭的事」；若你覺得那件事是達成目標都會遇到的考驗，那就是對自己的測試。唯有心態不同了，意義不同了，你的生活才會變得不同。

我們怎麼看待這個世界，世界就是那個模樣。

如果人生目標還是渾沌不明，不如就多加嘗試吧，這樣才明白什麼是想做的或不想做的，生活會給予我們很多任務，接到後就把它好好完成，遇見的每個人都盡量溫柔以待。不知道目的地在哪，也無所謂，總會到達一個地方，走著走著，就會走出自己的路。

自己能夠擁有安穩的日子是因為幸運，而幸運是因為完成了一件又一件的小事才會發生，無論是想做的或是不得不做的。

你所有的好，所有的努力，所有的勇氣，不是為了任何人，都是為了自己。要變得更好，我們首先要做的，不是努力超越別人，而是好好理解自己。明白自己喜歡什麼、討厭什麼，才能知道該走哪個方向。清楚自己的優勝劣敗，才能知道該從哪裡變得更好。

什麼都要好好的

給忘了對自己好好的你

想要好好的。

好好的吃飯，好好的睡覺，好好的讀書，好好的做事，好好的休息，然後好好的待人。

好好的稱讚，好好的感謝，好好的道歉，好好的檢討，好好的說聲想念你。

當然，還有好好的你與好好的我，好好的一起過生活。

我們都要好好的。

線上讀者問卷 TAKE OUR ONLINE READER SURVEY

任何人事物，包含文字也都一樣，意義是自己賦與的，價值是自己評斷的。你認為有意義、有價值的，它就值得存在。

——《#給你的一段話》

請拿出手機掃描以下QRcode或輸入以下網址，即可連結讀者問卷。
關於這本書的任何閱讀心得或建議，歡迎與我們分享 ◡̈

https://bit.ly/3ioQ55B

#給你的一段話——

擁有一點自信，必要時也可以展現自私

作　　者｜阿　飛 a-fei

責任編輯｜鄭世佳 Josephine Cheng
責任行銷｜鄧雅云 Elsa Deng
封面裝幀｜Dinner Illustration
版面構成｜譚思敏 Emma Tan
校　　對｜楊玲宜 Erin Yang

發 行 人｜林隆奮 Frank Lin
社　　長｜蘇國林 Green Su

總 編 輯｜葉怡慧 Carol Yeh
主　　編｜鄭世佳 Josephine Chen
行銷經理｜朱韻淑 Vina Ju
業務處長｜吳宗庭 Tim Wu
業務專員｜鍾依娟 Irina Chung、李沛容 Roxy Lee
業務秘書｜陳曉琪 Angel Chen、莊皓雯 Gia Chuang
發行公司｜悅知文化　精誠資訊股份有限公司
105台北市松山區復興北路99號12樓
專　　線｜(02) 2719-8811
傳　　真｜(02) 2719-7980
網　　址｜http://www.delightpress.com.tw
客服信箱｜cs@delightpress.com.tw
ISBN：978-626-7406-96-0
建議售價｜新台幣380元
二版一刷｜2024年08月
二刷｜2024年10月

國家圖書館出版品預行編目資料

#給你的一段話：擁有一點自信,必要時也可以展現自私／阿飛著. -- 二版. -- 臺北市：悅知文化精誠資訊股份有限公司, 2024.07
368面；14.8X21公分
ISBN 978-626-7406-96-0 (平裝)
1.CST: 人生哲學 2.CST: 生活指導

191.9　　113009192

建議分類｜心理勵志